Friederike Valentin/Horand Knaup

Scientology – der Griff nach Macht und Geld

HERDER / SPEKTRUM

Band 4109

Das Buch

Es beginnt in der Regel ganz harmlos: mit einem Flugblatt im Briefkasten, einer verlockenden Anzeige („Wir nutzen nur 10 Prozent unseres geistigen Potentials"), mit einer unverhofften Begegnung in der Fußgängerzone oder dem beiläufigen „Tip" eines Bekannten. Wer sich auf das unverbindliche Angebot einläßt, macht Bekanntschaft mit einer Glaubensgemeinschaft der besonderen Art – mit Scientology. Nicht selten gerät er in ein Räderwerk dieser ebenso umstrittenen wie teuren Heilslehre, ein Räderwerk, aus dem es oft nur schwer ein Entrinnen gibt. Im deutschsprachigen Raum gilt die selbsternannte „Kirche" inzwischen als Marktführer unter den „Seelenfängern". Der rechtlich nicht geschützte Begriff „Kirche" verdeckt die enormen wirtschaftlichen Aktivitäten einer Ideologie, die die Menschen in Anhänger und Gegner aufteilt und die alle Kritik zu unterbinden versucht. Wie keine andere Sondergruppe hat Scientology die Gerichte beschäftigt, eine Gruppe, die länderübergreifend aktiv ist und deren Praxis bereits 1965 in Australien als „eine ernste Bedrohung der Gesellschaft" beurteilt wurde. Dieses Buch legt offen, was Scientology wirklich will. Es klärt das Menschenbild, schildert die Praktiken und das Programm eines weltweit vernetzten Wirtschaftssystems, das sich als Heilsbringer tarnt. Ein von kompetenten und erfahrenen Experten geschriebenes Buch, das über die Hintergründe informiert und hilfreiche Hinweise für Angehörige und Freunde gibt.

Die Herausgeber

Friederike Valentin, Dr. theol., Leiterin des Referats für Weltanschauungsfragen beim Pastoralamt der Erzdiözese Wien, das eine gesamtösterreichische Funktion hat. Mitherausgeberin des „Lexikons der Sekten, Sondergruppen und Weltanschauungen" (Herder/Spektrum 4271).
Horand Knaup, Journalist und Reporter der „Badischen Zeitung" in Freiburg i. Br.

Friederike Valentin/Horand Knaup

Scientology – der Griff nach Macht und Geld

Selbstbefreiung
als Geschäft

Herder
Freiburg · Basel · Wien

Originalausgabe

3. Auflage

Herstellung: Freiburger Graphische Betriebe 1994
Umschlaggestaltung: Joseph Pölzelbauer
Umschlagfoto: © Bavaria Bildagentur 1992
ISBN 3-451-04109-X

Inhalt

Einleitung

von Horand Knaup und Friederike Valentin

Es beginnt in der Regel ganz harmlos: mit einem Flugblatt im Briefkasten, einer verlockenden Anzeige („Wir nutzen nur 10 Prozent unseres geistigen Potentials"), mit einer unverhofften Begegnung in der Fußgängerzone oder dem beiläufigen „Tip" eines Bekannten. Wer sich auf das unverbindliche Angebot einläßt, macht Bekanntschaft mit einer Glaubensgemeinschaft der besonderen Art – mit Scientology.

Sie will Religion sein und „Kirche". Sie behauptet, den Menschen zur Freiheit zu führen und zum Glück. Und doch: Wenige Bewegungen haben den Begriff Religion in den letzten Jahren so strapaziert wie Scientology. Und wenige haben sich so vehement gegen Kritik gewehrt wie diese Organisation. Trotzdem wächst Scientology auch im deutschsprachigen Raum; es ist auch legitim, sie „ein auf Expansion bedachtes Wirtschaftsunternehmen" zu nennen, „dem es letztlich um die Erzielung von Gewinnen geht" (OLG Düsseldorf Az. 3W 268/82).

Ein Wirtschaftsunternehmen freilich, das weiter wächst. In einer Selbstdarstellung der Organisation von 1988 ist von 600 Kirchen, Missionen und Gruppen in über 30 Ländern der Erde die Rede. Allein in den letzten fünf Jahren seien 60 neue Kirchen und über 130 Missionen eröffnet worden. In einer Statistik aus dem Jahr 1990 heißt es, Scientology sei auf weltweit 466 Kirchen und Missionen in mehr als 54 Ländern angewachsen.

Begründer der ebenso umstrittenen wie teuren Heilslehre war der amerikanische Science Fiction-Autor L. Ron Hubbard. Auf der von ihm kreierten „Dianetik" aufbauend, entwickelte er eine Weltanschauung, die für jedes Problem und seine Bewältigung eine „Technologie“ bereitstellt. Mit der Dianetik versprach er, den optimalen Menschen zu schaffen, der „das Dasein voller Tatkraft meistert und Befriedigung aus seinem Leben zieht“. Mit Scientology, so glauben seine Anhänger, hat Hubbard die „Brücke zur totalen Freiheit“ geschaffen.

Frühzeitig haben Hubbard und seine Nachfahren erkannt, wo die Sehnsüchte der Menschen zu orten sind, wie sich die Fragenden und Suchenden ebenso wie die Ehrgeizigen und Aufsteiger gewinnen lassen. Und so versprechen sie neben der Befreiung der Persönlichkeit „eine Welt ohne Geisteskrankheiten, ohne Verbrechen und ohne Krieg, wo die Fähigen Erfolg haben können und wo der Mensch die Freiheit hat, höher zu kommen“. Doch was verbirgt sich hinter solchen Verheißungen? Wie konnte es dazu kommen, daß verschiedene Prozesse gegen Scientology und deren führende Vertreter geführt wurden und ein 1978 in den USA eingeleitetes Verfahren gegen hohe Funktionäre in Scientology wegen verschiedener schwerer Verbrechen mit hohen Haftstrafen endete? Wie kommt es, daß schon vor Jahren folgende Aussage über Scientology per Gerichtsbeschluß gestattet wurde: „Die Scientology-Kirche ist in Wahrheit nicht der Welt größte Organisation für seelische Gesundheit, sondern der Welt größte Organisation aus unqualifizierten Leuten. Ihre Praxis ist eine ernste Bedrohung der Gesellschaft, medizinisch, moralisch und sozial. Ihre Anhänger sind bedauernswerte Verführte und vielfach seelisch krank“ (Urteil Landgericht München I v. 27. 1. 1978)?

Die Sehnsucht nach totaler Freiheit ist verbunden mit totaler Disziplin, die ein international streng gegliedertes hierarchisches System fordert. Ein System übrigens, das auf „totale Expansion“ hin orientiert war und ist. Denn schon 1978 verkündete die Tochter des Gründers, es sei Ziel von Scientology, bis 1984 einen Planeten im Sinn dieser Organisation zu schaffen.

Wer sich auf Scientology und deren vielfältige Angebote einläßt, läuft Gefahr, in verschiedene Abhängigkeiten zu geraten. Nicht wenige sind es, die mit ihrem Vermögen und einer

Schuldenlast die Suche nach Glück bezahlen, die statt der versprochenen Freiheit die Härte des Scientology-eigenen Ethik-Systems zu spüren bekommen, die als Mitarbeiter ausgebeutet werden, langgewachsene persönliche Beziehungen verlieren und die eine solche Mitgliedschaft bisweilen noch viel mehr kosten kann ...

Man weiß darum: Scientology läßt sich nicht gern am Zeug flicken, und die „Kirche" ist ungemein prozeßfreudig. Was regelmäßig Kosten verursacht und auch dazu geführt hat, daß Sachbücher zum Thema bisher eher selten geblieben sind.

Zugleich begegnet die Organisation Kritikern gerne mit dem Vorwurf, eine Sache überhaupt nicht beurteilen zu können, an der man nicht teilgenommen oder der man sich nicht „vorurteilsfrei" ausgesetzt habe. Es ist im Kern eine Aufforderung zur Abschaltung des menschlichen Verstandes. Treffend begegnete der wohl beste Kenner von Scientology, der verstorbene Sektenbeauftragte der evangelischen Kirche Bayerns, Friedrich-Wilhelm Haack, solcher Kritik mit der Bemerkung: „Wer einen Reichsparteitag von außen nüchtern beobachtet hat, wird ein klareres Urteil haben als der, der manipuliert und gläubig hinter den Fahnen und Trommeln beim Aufmarsch mitmarschiert."

Das vorliegende Buch beleuchtet Scientology – manchmal mit einer Krake verglichen – unter verschiedenen Aspekten. Zunächst kommt ein ehemaliges Mitglied zu Wort. Aus verständlichen Gründen ist dieser Bericht anonym. Dann wird in die Praxis dieser Organisation eingeführt (W. Knackstedt). Den Hintergrund von Dianetik beleuchtet H. Hemminger, während L. Hauser sich mit den Hintergründen der Entstehung dieser stark von Science Fiction geprägten Organisation befaßt. Ein eigenes Kapitel ist der „Ethik" von Scientology gewidmet, da diese in besonderer Weise Konfliktstoff bietet (F. Valentin).

Scientologisches Gedankengut findet sich freilich nicht nur in den so benannten Zentren oder Dianetik-Missionen, sondern in wachsendem Maß auch in vielfältigen wirtschaftlichen, pädagogischen und anderen Organisationen. Diesem Phänomen geht der Beitrag von H. Knaup nach. R. Abel befaßt sich in einem eigenen Beitrag mit den rechtlichen Grundlagen bzw. Konsequenzen, die sich durch Scientology ergeben, und nimmt nochmals das Problemfeld der Vorfeldorganisationen auf. Die Frage, ob Scientology als Religion anzusehen ist, behandelt vom theologischen Standpunkt aus F. Valentin. H. M. Baumgartner schließlich beschäftigt sich aus philosophischer Sicht mit einigen wesentlichen kritischen Punkten der scientologischen Grundlagen und Praktiken.

Ergänzt wird das Schlußkapitel von einer Liste von Beratungsstellen im deutschen Sprachraum. – An dieser Stelle sei allen Autoren sehr herzlich für ihre Mitarbeit am Entstehen dieses Buches gedankt!

Friederike Valentin / Horand Knaup, Juni 1992

Vom Clear zur Ewigkeit – Stationen einer scientologischen Karriere

von Anonym

Vorgeschichte

Zur Person: 23 Jahre alt, weiblich, nicht verheiratet, zu Hause wohnend, Psychologiestudentin.

Es begann eigentlich mit der Suche nach einer preiswerten Urlaubsreise. Ich wußte, daß es bei uns in einer Fußgängerzone ein Last-Minute-Reisebüro gibt, welches ich an einem Sonnabendvormittag aufsuchen wollte. Während ich so an den anderen Geschäften entlangschlenderte, drückte mir ein junger Mann eine Postkarte in die Hand und fragte mich völlig unvermittelt, was ich über geistige Freiheit wisse. Im ersten Moment war ich vermutlich so überrascht, daß ich etwas zusammenstotterte. Er meinte, freundlich lächelnd, ob ich nicht Lust hätte, einen Persönlichkeitstest zu machen. Völlig kostenlos natürlich, wie er hinzufügte. Eigentlich hatte ich keine Zeit und wollte weitergehen, denn wahrscheinlich war es irgend jemand, der mir auf der Straße etwas verkaufen wollte. Auf meinen vermutlich sehr fragenden Blick sagte er, er komme von einer Kirche und mache eine Umfrage. Ich betrachtete mir nun die Postkarte, die er mir in die Hand gedrückt hatte, und sah auf der Rückseite ein Bild von Albert Einstein und den merkwürdigen Satz: „Wir nutzen nur 10 Prozent unseres geistigen Potentials". Nach einem kurzen weiteren Gespräch ließ ich mich dazu überreden, den angebotenen kostenlosen Persönlichkeitstest zu machen. Beim Ausfüllen des Testes oder vielmehr Ankreuzen der Antworten mußte ich bei einigen Fragen innerlich lächeln: Ob ich ein langsamer Esser sei? Ob ich oft lächeln würde? Oder ob ich ein wenig über meine Arbeitsbedingungen murren würde?

Ich nahm mir also die Zeit und füllte in etwa 40 Minuten die 200 Fragen an einem Infotisch aus. Eine jüngere Frau bat mich dann doch, meinen Namen und meine Adresse auf den Fragebogen zu schreiben, da dieser im Büro der Kirche ausgewertet würde. Sehr freundlich, aber bestimmt drückte sie mir dann das gelbe Dianetik-Buch in die Hand, das ich unbedingt lesen müßte, um mehr über mich und mein Leben zu erfahren. Und das für nur 14,90 DM. Ich kaufte es also. Die ganze Sache hatte ich eigentlich vergessen, bis nach etwa einer Woche ein Brief kam, ob ich denn das Buch gelesen hätte und meine Auswertung erfahren möchte.

Erster Besuch im Dianetik-Zentrum

Mein erster Besuch im Dianetik-Zentrum machte einen tiefen Eindruck auf mich. Überall freundliche, nette Menschen, im Zentrum herrschte eine angenehme Atmosphäre. Mir ging es eigentlich sehr gut, bis ich das Ergebnis meines Testes erfuhr. Ich sei labil, deprimiert, bedürfe dringend seelsorgerischer Hilfe. Man bot mir an, einen „Kommunikationskurs" zu machen, der allerdings 150 DM kosten würde – incl. Kursmaterial –, wie mir gesagt wurde. Außerdem müßte ich unbedingt einen Heimkurs für „Selbstanalyse" (DM 40) machen. Ebenso wurde mir vorgeschlagen, doch ein kostenloses und völlig unverbindliches „Probe-Auditing" zu absolvieren. Nach rund 2 ½ Stunden verließ ich das Dianetik-Zentrum, zufrieden, denn mir wurde klar, daß ich bei Scientology mein Leben verbessern könne, um familiär und im Studium besser dazustehen.

Die Folgen

Danach ging es eigentlich Schlag auf Schlag. Nach Absolvierung eines Dianetik-Wochenendseminars, mehrerer Auditingsitzungen und weiterer Kurse begann sich plötzlich mein Leben auf zweierlei Weise zu verändern. Einmal war ich plötzlich mit mir und der Welt zufrieden, ich war der Meinung, unglaubliche Erfolge auf der „Brücke zur Freiheit" zu erzielen. Ich hätte zwar damals nicht definieren können, worin sie lagen, aber ich war jedenfalls davon überzeugt, ich hätte Gewinne. Daß ich allerdings bis dahin (nach rund sechs Wochen) bereits etwa 9500 DM losgeworden war, störte mich nicht unbedingt, da meine Eltern relativ vermögend sind. Außerdem bekam ich von meiner Großmutter immer 'mal wieder Geld zugesteckt.

Was ich aber nicht bemerkte, war die Tatsache, daß mein bisheriger Freundeskreis immer kleiner wurde, denn ich hatte ja keine Zeit mehr. Tagsüber ging ich arbeiten, abends und am Wochenende war ich im Dianetik-Zentrum, um zu studieren.

Es lief eigentlich alles prima, ich schloß einen Kurs nach dem anderen mit Erfolg ab, meine Erfolgsberichte wurden an die Pinnwand im Zentrum geheftet als Vorbild für die anderen Studenten. Mir wurde in Aussicht gestellt, zu Flag nach Amerika reisen zu können ... bis ich den Reinigungs-Rundown machen sollte. Entgiftung des Körpers schien mir in Anbetracht der Umweltvergiftung noch logisch, dafür aber stundenlange Saunabesuche erschienen mir merkwürdig. Ich bezahlte zwar die 2350,– DM für den Kurs, wurde zu einem Arzt geschickt, um meine „Saunatauglichkeit" überprüfen zu lassen, ...

Austritt und „Ausschluß"

Meine Familie: Anfangs erzählte ich meiner Familie, ich würde ein Praktikum für mein Studium machen. Irgendwann fand meine Mutter dann eine Rechnung vom Dianetik-Zentrum über beinahe 12 000 DM für Auditing-Prozessing. Natürlich wußte ich von nichts, es muß sich um einen Irrtum handeln, Namens- und Adressenverwechslung und so. Was folgte, war unvermeidlich ein Familienkrach („Solange du von unserem Geld lebst, machst du, was wir wollen"). Noch am selben Abend war ich im Dianetik-Zentrum, um meinen „Frust" loszuwerden. Hier wurde ich nun zum erstenmal mit „Ethics" konfrontiert, ich sollte einen Ethik-Kurs machen, um etwas über „unterdrückerische und antisoziale Personen" zu lernen. Ich sollte also nun lernen, meine Eltern zu „handhaben" und sie als „PTS", als „Potential Trouble Sources", also als mögliche Ärgernisverursacher zu definieren. Mir wurde vorgeschlagen, Mitarbeiter im Dianetik-Zentrum zu werden, somit sei ich unabhängig von meinen Eltern, könnte in Ruhe studieren und Geld für meine Kurse in scientologischer „Ausbildung" verdienen. Eine faszinierende Idee, zumal ich während des „PTS-Rundowns" lernen würde, die Gegenabsichten meiner Eltern zu erkennen und zu beseitigen. Erst jetzt, nach meiner Zeit bei Scientology, wird mir allerdings klar, was zum Beispiel eine Scientology-Führungsanweisung vom Oktober 1981 meint, wenn es dort heißt: „Wenn das Abbrechen (Anm. d. Vf.: der Verbindung zur Familie) tatsächlich erforderlich ist, so ist das sehr häufig ausreichend, um den PTS-Zustand zu handhaben."

Zwei oder drei Tage später fand ich zu Hause auf meinem Bett einen Bericht der Landesregierung über „Jugendreligionen", der sehr ausführlich über Scientology berichtete, sowie die Broschüre eines kirchlichen Arbeitskreises über Sekten. Mit anfänglichem Sträuben las ich die entsprechenden Artikel. Sollte das wirklich die „Kirche" sein, die ich in den letzten Monaten kennengelernt hatte. Ein Verein, dem es aufs Geld ankommt. Ich las von Führungsanweisungen in Scientology, in denen es heißt: „Mach Geld, mach mehr Geld, bring' andere Leute dazu, noch mehr Geld zu machen", ich las von Gerichtsurteilen gegen Scientology und etwas von Abhängigkeit, die selbst krankhafte Auswirkungen haben könne. Ich erfuhr etwas von Kritikern an Scientology, die als Kriminelle und Gottlose bezeichnet würden, von Trennungsbescheiden, die gegen die eigene Familie oder den Ehepartner erstellt werden müßten.

Meine Eltern baten mich, einen Gesprächstermin bei einem kirchlichen Sektenbeauftragten wahrzunehmen. Erst nach diesem Gespräch wurde mir die Wahrheit über Scientology und deren Tarnorganisationen klar, nämlich was Scientology wirklich will und mit welchen Techniken sie ihr Ziel zu erreichen versucht.

Da ich mich mehrere Tage nicht im Dianetik-Zentrum sehen ließ, kamen unweigerlich Telefonanrufe und Briefe. Um die dann allmählich lästig werdenden Anrufe loszuwerden, erklärte ich schriftlich meinen Austritt aus der „Kirche" und daß ich das Geld für meine angezahlten, aber noch nicht absolvierten Kurse zurückerstattet haben möchte. Wenige Tage später erhielt ich dann vom Dianetik-Zentrum schriftlich meine „Ausschlußerklärung", in der es heißt, ich sei „nicht mehr länger in Übereinstimmung mit den erklärten Zielen der Scientology-Kirche oder nicht mehr gewillt, sie zu unterstützen". Dies zeige sich besonders durch meine Forderung zur Rückzahlung meiner „Spendenbeiträge". Ich werde „hiermit ordnungsgemäß aus der Scientology-Kirche ausgeschlossen". Weiter heißt es in dieser „Ausschlußerklärung", ich dürfe „keine geistige Beratung oder Ausbildung von irgendeiner Scientology-Kirche oder Mission erhalten", bis ich „einen Akt der Reue vollbracht" hätte und durch meine Einsicht zeigen würde, daß ich „wieder Mitglied werden möchte".

Erst im nachhinein wurde mir klar, daß es bei Scientology um Geld geht, um viel Geld. Ja ich möchte sogar sagen, daß Scientology ein auf Gewinn orientierter Verein ist, der unter dem Deckmantel von Religion und Kirche versucht, die totale geistige Freiheit zu verkaufen.

„Die Zielsetzung sind total befreite Kunden" – vom Persönlichkeitstest zum OT VIII

von Wilhelm Knackstedt

„Sag' mal, was ist deine Lieblingsfarbe?" Gaby wandte sich erstaunt um und sah vor sich einen sympathischen bärtigen jungen Mann, der sie anlächelte. Ohne lange zu überlegen, antwortete sie: „Blau". – „Oh, die Farbe des Himmels, der Weite und der Freiheit ..." Ob sie nicht mehr über sich erfahren und mehr aus sich machen wolle. Der junge Mann bot ihr einen „kostenlosen Persönlichkeitstest" an. Er trug die Bezeichnung „Oxford Capacity Analyse" und wird – so hieß es – „im Rahmen der kirchlichen Sozialprogramme" angeboten. Das klang wissenschaftlich und vertrauenserweckend, und da Gaby gerade Zeit hatte, folgte sie dem jungen Mann ins Zentrum. Man bat sie, sich ins Besucherbuch einzutragen und führte sie in einen Raum, wo sie den Test ausfüllte. Die Fragen erschienen ihr interessant. Sie war neugierig geworden. Als sie nach etwa einer Stunde fertig war, gab sie den ausgefüllten Fragebogen ab, nicht ohne zuvor ihre genaue Anschrift, Telefonnummer und Beruf angegeben zu haben, und wann sie zu erreichen wäre. Man versprach ihr, den Test sofort auszuwerten. Sie könne ja inzwischen etwas erledigen oder sich im Zentrum umsehen.

Gaby blieb im Zentrum. Es machte alles einen sympathischen Eindruck auf sie: Da saßen Menschen, die offensichtlich studierten, andere eilten geschäftig hin und her. Alle schienen glücklich und lächelten sie an, wenn sie an ihr vorübergingen. Man hörte Worte wie „fein", „super", ... Gaby ließ sich von der Atmosphäre einfangen; sie wurde gelöster, und ihr anfängliches Mißtrauen schwand.

Nach etwa einer halben Stunde wurde sie von einem anderen jungen Mann in ein Zimmer gebeten, auch er war sehr nett. Er wandte ihr seine ganze Aufmerksamkeit zu, sprach freundlich und bestimmt und erklärte ihr anhand eines Diagramms das Ergebnis ihres Tests. Es war niederschmetternd. Sie wußte, daß sie Probleme hatte. Aber so schlimm hatte sie es selbst nicht gesehen. Sie sei sogar selbstmordgefährdet, wurde ihr erklärt. Besonders in punkto „Kommunikation" sei sie verbesserungsbedürftig. Aber das Testergebnis zeige ja, daß sie „fähig" sei. Sie könne also etwas für sich tun und sich „verbessern". Auf lange Diskussionen ließ sich der Mann nicht ein. Er schickte sie weiter zu einem Mitarbeiter, der für „Kommunikation" zuständig war.

„Dieser Typ übertraf alles Bisherige" – so erklärte sie später. Innerhalb weniger Minuten war sie dazu überredet, einen Kommunikationskurs zu belegen und auch gleich zu bezahlen. Sie habe unwahrscheinliches Glück, wurde ihr erklärt, denn sie bekomme den Kurs zu einem Sonderpreis. Der Kurs laufe gerade und sie könne sofort beginnen. Gaby nahm das Angebot an. Die Kursgruppe begrüßte sie freundlich, sie wurde in die entsprechende Liste eingetragen. Am günstigsten sei es, wenn sie etwa 20 Stunden pro Woche den Kurs belegen würde; die Termine für die nächste Zeit wurden sofort festgemacht.

Nach zwei Stunden Kurs wurde Gaby zu einer Frau geschickt, die wissen wollte, ob es ihr gefalle. Dann bot sie Gaby einen weiteren Test an, den sogenannten Falltest. In einem Raum, an dessen Tür ein Schild „geistliche Beratung" hing, bekam sie zum ersten Mal die beiden Blechbüchsen des sogenannten „Hubbard-E-Meters" – einer Art „Lügendetektors" – in die Hand. Schon bei dieser ersten Sitzung beantwortete sie alle Fragen, die ihr der „Auditor" stellte. Später meinte sie, „sie habe sich voll aufgemacht" und alles, auch ihre intimsten Geheimnisse und Probleme, preisgegeben. Während sie die Fragen beantwortete, beobachtete der „Auditor" die Nadelausschläge auf dem Gerät und notierte alles genau.

Dann wurde Gaby zu einem weiteren Mitarbeiter geschickt, der ihr erklärte, daß ein L. Ron Hubbard – sie hörte hier den Namen zum ersten Mal – durch seine Forschungen nicht nur bewiesen hätte, daß Einstein recht habe mit seiner Behauptung, daß wir nur 10% unseres geistigen Potentials nutzten, sondern zugleich einen Weg aufgezeigt habe, die restlichen 90% zu erschließen, damit die Intelligenz zu erhöhen und so einen weitaus höheren und glücklicheren Zustand der Existenz herbeizuführen.

Das alles klang vielversprechend, und Gaby war entschlossen, wenigstens den Komm-Kurs, den sie ja schon bezahlt hatte, zu beenden. Sie war ziemlich aufgewühlt, als sie nach Hause kam. Irgendwie war es selbstverständlich, daß sie zunächst niemandem etwas davon erzählte. Sie hatte das Gefühl, daß ihr sowieso niemand glauben würde. Sie ärgerte sich zwar am nächsten Tag über den Anruf aus dem Zentrum, wann sie denn nun endlich käme, denn sie hatte die Termine ja verabredet. Aber bis zu diesem Zeitpunkt war sie ahnungslos. So ging sie also wieder ins Zentrum.

Am vierten Tag wurde sie aus dem Kursraum geholt. Sie sollte mit einer Dame aus Hamburg über ein Auditing-Angebot sprechen, das „nur" DM 10000,– kostete. Das war Gaby zu teuer. Aber die Frau wandte all ihre Überredungskunst an, um ihr wenigstens das „Lebensreparatur-Auditing" (25 Stunden für DM 5329,–) zu verkaufen. Nach 3½ Stunden war sie am Ziel. Gaby fuhr nach Hause, um den Scheck auszustellen und ein paar Sachen einzupacken, die sie für das Wochenende in Hamburg benötigte. Sie war kaum eine halbe Stunde zu Hause, da wurde sie auch schon von derselben Frau abgeholt und nach Hamburg gebracht. Den Scheck über DM 5329,– hatte sie sofort abzugeben ...

Obwohl Gaby darüber irritiert war, wie sehr man sie drängte und darüber, wie stark man sich für ihre finanziellen Verhältnisse interessierte, kamen ihr keine Bedenken. Man hatte ihr versprochen, sie könne ihre Lebenssituation verbessern. Und das wollte sie. Sie ahnte nicht, daß sie schon tief in der Sache steckte.

Erst nach einigen Tagen wurde Gaby bewußt, daß sie bei Scientology – jener Organisation, die sich selbst „Kirche" nennt – gelandet war. An der Eingangstür hatte etwas von einem „Dianetik-Zentrum" gestanden. Und sie hatte auch nicht erkannt, daß hier eine Organisation mit verdeckten Karten operierte, um sie auf einen Weg zu locken, der die totale Freiheit verheißt, aber das Gegenteil von Freiheit ist, und auf dem die Angeworbenen nicht selten ihr Vermögen und ihre geistige Gesundheit verlieren.[1]

In einem Bericht der Landesregierung von Rheinland-Pfalz heißt es:

„Viele destruktive religiöse Gruppen ... decken ihre Karten nie ganz auf, sondern haben Stufen der Einweihung und Erleuchtung entwickelt. Diese Stufen sind dann oft auch Stufen des Abbaus des kritischen Denkvermögens, so daß am Schluß alles geglaubt wird, was immer es auch sei."[2]

Scientology verspricht „totale Freiheit". Zur Freiheit gehört als Grundvoraussetzung jedoch die Möglichkeit zur freien Entscheidung. Diese aber ist schon bei der Anwerbung neuer Mitglieder durch Scientology in Frage gestellt. Es wird in der Regel mit verdeckten Karten gespielt. Die Angesprochenen wissen meist nicht, auf wen und was sie sich einlassen. Mit Hilfe eines undurchschaubaren Tests werden Menschen manipuliert. Einziges Ziel: „Kundengewinnung". Eine freie Entscheidung ist so schwer möglich.

Nehmen wir Gabys Fall:

Sie hatte anfangs keine Ahnung, wer sich hinter den freundlichen Menschen verbarg, die ihr angeblich halfen, mehr über sich zu erfahren und ihr Leben zu verbessern. Gleichzeitig brachten die Scientologen sie unmerklich dazu, sich selbst preiszugeben: von der Eintragung ins Besucherbuch über die Angabe ihrer Personalien auf dem Testbogen bis zur Nennung intimster Daten bei der Beantwortung der Testfragen besonders auch beim ersten Auditing.

Gaby war beeindruckt von der Offenheit und Freundlichkeit der Scientologen und empfand es als wohltuend, daß jemand sich ihr mit ganzer Aufmerksamkeit zuwandte. Sie konnte nicht ahnen, daß ihre „Gesprächspartner" durchaus von handfesten Eigeninteressen geleitet waren und nach klaren Anweisungen vorgingen. Für diese gibt es Bonuspunkte und Belobigungen bei guten Werbe- und Verkaufsstatistiken.

Die Executive Directive Nr. 26 der Scientology-Kirche Düsseldorf vom 11. Mai 1984 entlarvt den gesamten Prozeß der Straßenwerbung bis zum Unterschreiben für den ersten Kurs Schritt für Schritt als abgekartetes Spiel, das nur ein Ziel verfolgt: „Die ganze Aktion ist erst ein Produkt, wenn die Person auf Kurs sitzt (Kommunikations-Kurs oder irgendein anderer), ein Buch gekauft hat oder sich auditieren läßt."

Stellt man die verschiedenen Angebote von Scientology zusammen, erkennt man schnell, daß Scientology für alle Probleme des täglichen Lebens *die* Lösung anbietet: „Wie nutze ich das Potential, das in mir schlummert?" – „Immer mehr Umweltgifte in unserem Körper" ... – „Was sind die Grundlagen für eine glückliche Partnerschaft?" – „Wie Sie mit anderen Leuten besser zurechtkommen." – „Steigern Sie Ihre beruflichen Chancen" (dies sind Beispiele aus dem Hamburger Veranstaltungsprogramm).

Was zunächst wie ein selbstloses Angebot für Menschen klingt, die nach Lösung ihrer Probleme suchen, bekommt einen zwielichtigen Anstrich durch die eidesstattliche Erklärung einer Ex-Scientologin, die als „Marketing-Sekretär" gearbeitet hat: „Die Öffentlichkeit ist zu befragen, und es ist herauszufinden, was sie braucht. Wenn man weiß, was sie will, dann ist der Öffentlichkeit zu sagen, daß Scientology diesen Bedarf decken wird. Das ist einzuhämmern ..."[3].

Wer in die Adressenkartei von Scientology geraten ist, wird fortan mit einer nichtabstellbaren Flut von Werbematerial bombardiert. Da hilft es nichts, wenn man sich dies per Brief, per Einschreiben oder per Telefonanruf verbittet.

Zur Strategie von Scientology gehört es, daß die Organisation in Gestalt einer Fülle von Unter- und Tarnorganisationen gegenüber der Öffentlichkeit auftritt. Welcher Uneingeweihte würde schon vermuten, daß hinter der „Kommission für Polizeireform" oder hinter der „Kommission für Verstöße der Psychiatrie gegen Menschenrechte e. V.", hinter der Antidrogen-Aktivität NARCONON oder hinter „ZIEL – Zentrum für individuelles und effektives Lernen" usw., usw. Scientology steckt? Welche ahnungslosen Eltern würden bei der „Kinderliga mit Ernährungsumstellung gegen Psychodrogen e. V." vermuten, daß Scientology die Hände im Spiel hat?[4]

Legt man den Maßstab der *internen Kritik* an Scientology an und fragt danach, ob die propagierten Ziele und die gelebte Wirklichkeit übereinstimmen, dann muß man bereits im Blick auf die Werbung feststellen: Schon hier klaffen Anspruch („totale Befreiung") und Wirklichkeit (aggressive Werbung, oft verschleierte Identität, Manipulation ...) auseinander. Von einer echten Entscheidungsmöglichkeit kann nicht die Rede sein.

Der Fragebogen – ein Lockvogel

Der „kostenlose Persönlichkeitstest" spielt beim Einstieg auf die „Brücke" von Scientology eine besondere Rolle. Die Deklaration des Tests als „Oxford Capacity Analyse" (OCA), der „von den Scientology-Kirchen als kostenloser Dienst im Rahmen der kirchlichen Sozialprogramme angeboten"[5] wird, soll offensichtlich Wissenschaftlichkeit und Vertrauenswürdigkeit suggerieren. Diesen in der wissenschaftlichen Psychologie nicht bekannten und im Blick auf seine Kompetenz außerhalb von Scientology nicht ausgewiesenen Test gibt es in mehreren unterschiedlichen Aufmachungen mit unterschiedlichen Bezeichnungen. Der Zweck aber ist immer der gleiche: die Gewinnung von „Kunden".

Der Test umfaßt 200 Fragen, deren Sinn zum Teil kaum einsichtig ist, zum Beispiel:
„3. Blättern Sie zu Ihrem Vergnügen in Fahrplänen, Telefon- oder Wörterbüchern?"
„18. Bringt eine unerwartete Handlung Ihre Muskeln zum Zucken?"

Die meisten Fragen zielen (indirekt) darauf, ein recht detailliertes Bild von dem Beantworter zu bekommen, z. B.:
„1. Machen Sie unbesonnene Bemerkungen oder Anschuldigungen, die Ihnen später leid tun?"

„7. Würden Sie eine Position ohne Verantwortung für Entscheidungen bevorzugen?"

Einige weitere Fragen sind für Scientology möglicherweise besonders wichtig, z. B.:

„31. Könnten Sie einer ‚strengen Disziplin' zustimmen?"

„46. Haben Sie laufend Schwierigkeiten?"

„96. Wird ein Unvermögen, Ihre Schulden zu zahlen oder Versprechen zu halten, Sie übermäßig plagen?"

Es werden also zum Teil sehr persönliche Daten abgefragt. Die Scientologen sichern zwar Vertraulichkeit zu, aber offensichtlich geraten der Test, seine Auswertung, auch Protokolle aus den Auditing-Sitzungen usw. in die Fallakte und könnten dazu mißbraucht werden, Mitglieder zu besonderen Aufgaben auszuwählen oder auch Menschen unter Druck zu setzen. Die Staatsanwaltschaft München stellt fest: „Das gegenüber der Öffentlichkeit behauptete Beichtgeheimnis besteht offensichtlich nicht!"[6]

Das Ergebnis des Tests wird dem „Kunden" anhand eines Diagramms aufgezeigt, das einen Negativ- und einen Positivbereich ausweist sowie einen mittleren Bereich, der „unter günstigen Umständen annehmbar" ist. Auffällig ist die große Übereinstimmung der Ergebnisse für eine Vielzahl unterschiedlichster Menschen; daraus läßt sich der Schluß ziehen: Das Ergebnis fällt in der Regel schlecht aus, und zwar so, daß dem Betreffenden schwere Mängel attestiert werden.

Die angebliche Auswertung bescheinigt dem Betreffenden auch (oft als einzig positives Ergebnis), daß er „fähig" ist. Das bedeutet: Er kann (mit Hilfe von Scientology) seine Situation verändern und sein Leben verbessern. Aus einem organisationsinternen Papier nebst Anlagen, in dem der „Publikregistrar" der Münchener Org am 27. 11. 1973 Mitteilung über seine Arbeit machte, geht hervor, daß offensichtlich selbst ein solches Auswertungsgespräch nach ganz konkreten Anweisungen verläuft mit dem einzigen Ziel, den Kunden auf Kurs zu bringen:

H. Schneider hat den Test einer eingehenden Untersuchung unterzogen und kommt zu folgenden Urteilen: „... der kostenlose Persönlichkeitstest der Scientology-Church ist ein ... Lockvogelangebot, mit dem ‚ahnungslose' Mitbürger in ein ihnen unbekanntes Ideologiekonstrukt eingeschirrt werden sollen. Der OCA-Test ist eine scharfe Waffe, die den Testpersonen suggerieren soll, sie hätten gravierende ‚Schwachstellen', die dringend einer Heilung à la Scientology (mit exorbitanten, der ‚Kundschaft' nicht mitgeteilten Preisen) bedürften".[7] „Es ist letztlich ohne Belang, welche Ergebnisse die Testperson erzielt. Hauptsache ist, er hat Daten preisgegeben und konnte für die ‚neue' Sache interessiert werden."[8]

Reisepaß für die Brücke

Scientology nimmt für sich in Anspruch, daß dem „Gründer" L. Ron Hubbard nach 50000 Jahren vergeblichen menschlichen Forschens und Nachdenkens der Durchbruch zur wahren Erkenntnis gelungen sei. Er habe die Techniken entwikkelt, den Menschen und die ganze Menschheit zur totalen Freiheit zu führen.

Der Weg zur Freiheit wird beschrieben als „die Brücke zur völligen Freiheit", auf der der Mensch „zu einem höheren Daseinszustand gelangt".[9]

Sie besteht aus einer Vielzahl von Seminaren und Kursen. Die neueste Brückenkarte von 1991 weist mindestens 210 verschiedene Kurse aus.

Reinigungs-Rundown!

Um sich in dem Dschungel der unzähligen Angebote von Kursen unterschiedlicher Art überhaupt noch auszukennen, wurde 1988 von Scientology ein interner „Reisepaß" für den Weg über die „Brücke zur totalen Freiheit" herausgegeben, „der jedem Scientologen den Weg mit den exakten Schritten aufzeigt, die er unternehmen muß, um den ganzen Weg bis ans obere Ende der Brücke (The Bridge) zu gehen"[10].

Kritiker verweisen auf einen Ausspruch vom „Gründer" L. Ron Hubbard, den er – der ehemalige Science-Fiction-Autor – getan haben soll:

„Man wäre töricht, für einen Penny auch nur ein Wort zu schreiben. Wenn man wirklich eine Million Dollar verdienen will, wäre der beste Weg, seine eigene Religion zu gründen." [11]

Es sei dahingestellt, ob L. Ron Hubbard diesen Ausspruch so getan hat – die Scientologen bestreiten dies mit Heftigkeit. Die Praktiken von Scientology und das Geschäftsgebaren bestätigen, daß Scientology im Geiste dieser Maxime handelt:

Da sind die enormen Kursgebühren, die als „Spenden" deklariert werden, und die horrenden Preise für Geräte, Bücher usw. Bis zum „Clear", der ersten angestrebten Heilsstufe, wird der Interessierte leicht 60000 Mark loswerden.

Da sind die Lizenzverträge der einzelnen Organisationen, die L. Ron Hubbard bzw. der Führungsspitze 10% an den Einnahmen sicherten und sichern.

Da sind die Belobigungen und Schelte für die Organisationen, die Wettbewerbe untereinander und die ständigen Ermunterungen und Ermahnungen, mit denen die Mitglieder zu immer neuen und größeren Umsätzen angetrieben werden. „Sie *konnten* es in der Woche zuvor schaffen – sie haben es gezeigt. Was war also verkehrt, daß sie es nicht wieder schaffen konnten? Wenn ihnen in der vorletzten Woche die Luft ausging, brauchen sie offensichtlich mehr Unterstützung. Oder bessere Organisation." [12]

Da gibt es eigens einen Verkaufskurs, der zeigt, „wie Sie ihrem Kunden helfen können, seine Furcht und Unentschlossenheit zu überwinden, indem er das Produkt kauft und nicht noch einmal mit seiner Frau oder seinen Kollegen sprechen muß oder noch eine Nacht darüber schlafen will ..." [13] „Wenn sich jemand für einen Kurs einschreibt, dann betrachten Sie ihn als Mitglied für die Dauer dieses Universums – erlauben Sie niemals eine ‚aufgeschlossene' Einstellung. Wenn jemand weggehen will, lassen Sie ihn schnell weggehen. Wenn sich jemand eingeschrieben hat, so ist er an Bord, und wenn er an Bord ist, dann ist er zu den selben Bedingungen hier wie wir alle – gewinnen oder beim Versuch sterben. Lassen Sie sie niemals halbherzige Scientologen sein."[14]

Da sind vor allem die wiederholten Aussagen von L. Ron Hubbard selbst, der seinen Anhängern immer wieder im Zusammenhang mit dem Verkauf einschärfte: „Der *einzige* Grund, aus dem es ORGs gibt, ist die Aufgabe, Materialien und Dienstleistungen an die Öffentlichkeit zu verkaufen und zu liefern und Leute aus der Öffentlichkeit hereinzuholen, an die man verkaufen und liefern kann. Die Zielsetzung sind total befreite Kunden"[15]. Und da ist die eindeutige Aufforderung: „Make money, make more money, make other people produce so as to make money" („Mache Geld, mache mehr Geld, bringe andere Menschen dazu, Geld zu machen")[16].

Außer dem kostenlosen Persönlichkeitstest und einigen Einführungsangeboten gibt es bei Scientology nichts umsonst. Und wer kein Geld aufbringen kann, der kann oder muß die Materialien und Dienstleistungen abarbeiten durch Prämien für den Verkauf von Büchern und Kursen oder als hauptamtlicher Mitarbeiter meist gegen einen Hungerlohn.

Die Mitglieder werden durch immer neue Erfolgsversprechen einerseits und ein strenges Überwachungs- und ausgeklügeltes Bestrafungssystem bei der Stange gehalten nach der Maxime: „Da Scientology jetzt TOTALE Freiheit bringt, muß sie auch die Macht und die Autorität haben, totale Disziplin zu fordern, setzen Sie auf Unordnung und falsche Berichte so harte Strafen, daß einem schlecht wird, und achten Sie darauf, daß die Strafen erhoben werden."[17] Der Ethik-Officer ist verantwortlich dafür, daß die Technik exakt eingehalten wird und keine Störung von außen die Organisation gefährdet. Mißerfolge und mangelnde Fortschritte auf dem „Weg zur Freiheit" werden oft mit dem Einfluß von „unterdrückerischen Personen" erklärt, die „gehandhabt" werden müssen. Notfalls werden „Trennungsbefehle" gegenüber „unterdrückerischen" Angehörigen oder Freunden verfügt und Kritiker massiv bedroht, wobei man auch vor illegalen Mitteln nicht zurückschreckt, wie die Staatsanwaltschaft München feststellen konnte.[18]

Am Anfang der Scientology stand ein Aufsatz von L. Ron Hubbard in einem amerikanischen Science-Fiction-Magazin unter der Überschrift „Dianetics – A New Science of the Mind". Das starke Echo veranlaßte L. Ron Hubbard, innerhalb weniger Wochen daraus ein ganzes Buch zu machen, das inzwischen unter dem Titel „Dianetik, die moderne Wissenschaft der geistigen Gesundheit" zum Scientology-Bestseller wurde. Die „Wissenschaft" „Dianetik" verheißt die Heilung (des Körpers) „durch den Verstand". Aber damit nicht genug. L. Ron Hubbard nimmt für sich in Anspruch, zu immer neuen Erkenntnissen durchgestoßen zu sein und das „Rätsel" des Lebens „selbst entschlüsselt zu haben."[19]

Rettung vor dem Untergang?

Scientology behauptet von sich, mit ihrem Wissen und der daraus entwickelten Technik die Möglichkeit zu besitzen, den einzelnen Menschen und die gesamte Menschheit vor dem sonst unausweichlichen Untergang zu retten.

„Wir spielen nicht irgendein unbedeutendes Spiel in Scientology. Es ist nicht nett oder irgendetwas, das man tut, weil man nichts besseres zu tun weiß.

Die ganze schmerzvolle Zukunft dieses Planeten, jeder Mann, jede Frau und jedes Kind und ihr eigenes Schicksal für die nächsten endlosen Trillionen von Jahren hängen davon ab, was Sie hier und jetzt in Scientology tun.

Das ist eine tödlich ernste Aktivität. Und wenn wir es versäumen, aus dieser Falle jetzt herauszukommen, werden wir vielleicht nie wieder eine andere Chance haben."[20]

Nach L. Ron Hubbard besteht der Mensch aus „Body" (Körper), „Mind" (Verstand, Geist, Sinn) und „Thetan" (der Geistseele, dem wahren Ich). Der Mensch lebt im „MEST"-Universum (MEST = eines der zahllosen Scientology-Kunstworte: „Matter/Materie, Energy/Energie, Space/Raum und Time/

Zeit"). Vom Thetan war ursprünglich nicht die Rede. Er gilt als unsterblich und geht durch unzählige Wiederverkörperungen. Ursprünglich besaß er die absolute Fähigkeit, „Ursache über Raum, Zeit, Energie und Materie zu sein".[21] „Von einem Zustand absoluter Vollkommenheit und Wahrheit ist die Seele des Menschen im Laufe ihrer langen Existenz im Universum aufgrund mangelnder Weisheit und mangelnder Ethik degradiert (versklavt) zu einem Punkt, wo sie sich für Materie selbst hält und sich ihrer geistigen Existenz kaum noch bewußt ist."[22]

Über die Brücke zur absoluten Freiheit kann der Mensch den Zustand der absoluten Vollkommenheit und Wahrheit wieder zurückgewinnen, der ihm als Operating Thetan ursprünglich zu eigen war. Dazu muß er die Kontrolle über sich zurückgewinnen. Dies geschieht durch „Training" und „Auditing".

Ein Clear ist „völlig frei von Psychosen, Neurosen, Zwängen und Verdrängungen ... sowie von allen psychosomatischen Leiden"[23]. Im Zusammenhang mit dem Auditing steht eine Fülle von Trainings und Seminaren, die die Probleme des Lebens lösen sollen, z. B. die Seminare „... für ein besseres Leben", „... für persönliche Integrität", „... über das Auf und Ab im Leben", „... wie man mit anderen zurechtkommt", „... wie man eine glückliche Ehe beginnt" usw., usw.

Als ersten Kurs belegen die meisten Scientology-Einsteiger „Erfolg durch Kommunikation". Er verspricht, die „grundlegenden Prinzipien von Kommunikation" zu vermitteln „und durch zahlreiche praktische Übungen die Fähigkeit, wirkliches Verstehen bei (den) Mitmenschen zu erreichen."[24]

Eine besondere Rolle auf der „Brücke zur völligen Freiheit" spielt der sogenannte Reinigungsrundown. Er ist ein Reinigungsprogramm für den Körper, denn wie die Engramme haben nach L. Ron Hubbard auch chemische Rückstände im Körper – von Drogen, Medikamenten, aber auch Umweltgiften – eine restimulierende Wirkung. Die gilt es zu beseitigen, damit der Mensch in seinem geistigen Vorankommen nicht gestört wird. Das Programm beinhaltet körperliche Übungen (meist Laufen), oft stundenlanges Schwitzen in einer Sauna und massive Vitamingaben, vor allem Nikotinsäure. Bevor diese Prozedur begonnen werden darf, hat das Mitglied eine „Erklärung in bezug auf den Reinigungs-Rundown (Haftpflichtentbindung und Garantieübereinkommen und –Vertrag)“[25] zu unterschreiben. Der Reinigungsrundown soll zu wahrer Unantastbarkeit verhelfen. Schließlich ist ein Ziel Hubbards: „Ich will, daß Scientologen den 3. Weltkrieg überleben ... Ganz abgesehen von dem körperlichen Wiederaufleben, das man auf dem Reinigungs-Rundown erlebt, wenn er vorschriftsmäßig und vollständig gemacht wird, gibt es den Nebeneffekt, daß er die Folgen zukünftiger Strahlungseinwirkung vermindert“[26].

Magie? Science Fiction?

„Clear“ ist der erste wichtige Heilszustand auf der Brücke zur totalen Freiheit:

Bis zu dieser Heilsstation reicht Dianetik. In Scientology aber wird dann der Weg zur „totalen Freiheit“ entwickelt. Das Ziel ist der Operating Thetan (OT) „... ein Clear, der mit seiner Umgebung so vertraut gemacht worden ist, daß er den Punkt erreicht hat, völlige Ursache über Materie, Energie, Raum, Zeit und Denken zu sein, und der nicht in einem Körper ist.“[27]

In den Zeitschriften der Organisation finden sich Berichte von angeblichen Fähigkeiten solcher „Operating Thetans“, die allein mit ihrer Gedankenkraft Autos bewegen, mit Katzen reden, Nebel hinwegwünschen oder ihren Körper verlassen können usw.

L. Ron Hubbard behauptete: „Thetanen kommunizieren mittels Telepathie. Sie können materielle Objekte bewegen, indem sie einfach einen Energiefluß auf sie stürzen. Sie können sich mit höchster Geschwindigkeit fortbewegen. Sie sind nicht durch Atmosphären oder Temperaturen begrenzt“[28].

Vieles ist zugänglich bei Scientology, und mit vielem werden die Mitglieder reichlich eingedeckt. Die Unterlagen für die OT-Kurse werden jedoch geheimgehalten. Die Inhalte bis OT VIII sind nur den Zugelassenen zugänglich, die übrigen bis OT XV noch nicht freigegeben. Angeblich geschieht diese Geheimhaltung (sogar innerhalb der Organisation) aus Angst vor Mißbrauch und der mit den dort zu erwartenden Fähigkeiten verbundenen Unfallgefahr, die durch die neuen Fähigkeiten zu erwarten wären.

Denn bei OT III, der bedeutendsten OT-Stufe, geht es „durch die Feuerwand".

Ron Hubbard schrieb:

„Das Geheimnis dieses Universums und dieses besonderen Bereichs des Universums war, soweit es seine Spur betrifft, vollkommen verschlossen. Niemandem ist es jemals gelungen, einen Durchbruch zu erreichen und mit dem Wissen, was geschah, hervorzutreten.

Es ist so verschlossen, daß, wenn jemand versucht hätte, es zu durchdringen, er gestorben wäre. Und ich bin sicher, daß es viele getan haben und gestorben sind.

Der Stoff in diesem Gebiet ist sehr gefährlich insofern, als er sorgfältig so angeordnet ist, daß es jeden tötet, der die ganze Wahrheit dessen entdeckt."[29]

Was ist die „Feuerwand"?

Auf OT III wird das letzte Geheimnis dieses Teiles des Universums enthüllt ...

Hier war etwas Unbekanntes von solch tödlicher Kraft, daß niemand zu dieser „Feuerwand" eine Antwort finden oder sie gar überwinden konnte.

Dann, am 14. März 1967, schaffte L. Ron Hubbard den Durchbruch und war das erste Wesen, das die „Feuerwand" durchbrach.

Er erforschte dann einen Weg, um es anderen zu ermöglichen nachzufolgen. Er entwickelte die Technologie, die jeden in die Lage versetzt, ohne Schaden durch die „Feuerwand" zu gehen.

Robert Kaufmann – ein ehemaliger Scientologe – hat in seinem Buch „Übermenschen unter uns" aus den Materialien zu

OT III zitiert, der Stufe, auf der „das letzte Geheimnis dieses Teils des Universums enthüllt" wird:

„Vor 35 Billionen Jahren löste ein böser Fürst namens Xenn das Problem der Übervölkerung auf einem anderen Planeten, indem er 2 Billionen Thetanen zur Erde brachte, die zu jener Zeit als Teegeack bekannt war – er stopfte sie in Wasserstoffbomben, die er in einem Vulkankrater explodieren ließ – durch die Explosion wurden die Thetanen, an elektrische Kabel angeschlossen, bis hoch in den Himmel geschleudert – dann wurde ihnen die gesamte R6 Bank eingeprägt, sie wurden in ein Flugzeug geladen und wieder auf die Erde geworfen – schreckliches Unheil ereilte jeden, der dieses Komplott aufzudecken versuchte, bis uns die Aufklärung gelang – Ron wäre fast selbst elend zugrunde gegangen; doch irgendwie überlebte er, allerdings völlig zerschlagen – Xenn wurde für sein Verbrechen bestraft, indem er in einer elektrisch geladenen Kiste eingesperrt wurde, die in einem Berg im Westen des nordamerikanischen Kontinentes versteckt worden ist, dort befindet er sich noch heute – ..."[30]

Bis zum Operating Thetan haben Scientologen in der Regel einige hunderttausend Mark investiert und möglicherweise nicht nur ihr Vermögen, sondern bisweilen auch ihre geistige Gesundheit, nicht selten ihre Familie und alten Freunde und vielleicht noch viel mehr verloren ...

Anmerkungen

[1] Vgl. nichtveröffentlichtes Gutachten v. Hans Kind, Zürich, 3. 3. 1989.

[2] Aktion Bildungsinformation, Die Scientology-Sekte und ihre Tarnorganisationen, Stuttgart o. J., 30.

[3] Zit. nach F.-W. Haack, Scientology – Magie des 20. Jahrhunderts, München 1982, 118.

[4] Vgl. F.-W. Haack, Scientology, Dianetik und andere Hubbardismen, München 1990, 32–39.

[5] Vgl. Testbogen.

[6] Aktenzeichen 115 Is 4298/84 Staatsanwaltschaft München.

[7] K. H. Schneider, Der kosten-, aber nicht folgenlose Scientology-Test, München 1991, 5.

[8] Ebda. 29f.
[9] Werbematerial.
[10] RTC-Scientology – Wege und Dienstleistungen, um die Geschwindigkeit die Brücke hinauf zu beschleunigen.
[11] Aktion Bildungsinformation, a.a.O. 9.
[12] L. Ron Hubbard, Einführung in die Ethik der Scientology, Kopenhagen 1989, 54.
[13] Hubbard Professional Salesmanship Course (HPSC).
[14] L. Ron Hubbard, Das Handbuch für den Ehrenamtlichen Geistlichen, Kopenhagen 1983, 645.
[15] Hubbard Communication Office (HCO), Policy Letter 31.1.1983.
[16] HCO Policy Letter 2.3.1972.
[17] HCO Policy Letter 5. 1. 1968.
[18] Aktion Bildungsinformation, a.a.O.9.
[19] Neue Zivilisation Nr. 70, 9.
[20] HCO Policy Letter 7.2.1965; zit. in: Brief der Church of Scientology Advanced Organization Saint Hill 21. 8. 1991.
[21] Werbematerial.
[22] Die Scientology Kirche in Deutschland – Informationen und Selbstverständnis, hrsg. Scientology Kirche Deutschland, München 1985, S. 19.
[23] Haack, Scientology – Magie des 20. Jahrhunderts, 78.
[24] Die Brücke zur völligen Freiheit – Eine vollständige Beschreibung des Weges von Dianetik und Scientology, 1991, 13.
[25] L. R. Hubbard, Handbuch für die Lieferung des Reinigungs-Rundown, Kopenhagen 1992.
[26] HCO Bulletin 3.1.1980.
[27] L. Ron Hubbard, Deutsche Fachwortsammlung für Dianetics und Scientology, Kopenhagen 1982, 17.
[28] Haack, Scientology – Magie des 20. Jahrhunderts, 15.
[29] Ron's Journal 1967.
[30] R. Kaufmann, Übermenschen unter uns, Frankfurt 1972, 166.

Das Buch Nr. 1 – Dianetik

von Hansjörg Hemminger

Das dianetische Heil

Für die Anhänger der Scientology Church stellt die Dianetik, die Lafayette Ronald Hubbard zwischen 1948 und 1950 entwickelte, die Grundlage der Wissenschaft vom Menschen dar. Zwar wurde die Dianetik durch das Lehrgebäude der Scientology, das nach 1950 entstand, zu einem bloßen Teilgebiet dieser „Philosophie" oder „Religion" gemacht. Aber für die Praxis des scientologischen Lebens und Arbeitens liefert bereits die Dianetik von 1950 die Prinzipien.

Dianetik ist nach Ansicht Hubbards die Wissenschaft, die vom menschlichen Verstand (Sinn, Geist / engl. mind) handelt.[1] Sie liefert nach Überzeugung der Scientologen die Werkzeuge, im Verstand ungeahnte, neue Fähigkeiten zu entwickeln und dadurch die menschliche Wirklichkeit auf bisher undenkbare Weise zum Positiven zu verändern. Sie gibt der Scientology Church damit wesentliche Teile des Heilungs- und Heilswissens für den einzelnen und für die Welt. Das Kunstwort Dianetik (dianetics) wird von den griechischen Begriffen „dia" (durch) und „nous" (Geist, Denken) hergeleitet. Es soll etwa wie „durch den Verstand" bedeuten, womit gemeint ist, daß Gesundheit, Erfolg und Heil durch geistige Leistungen im Sinn der Dianetik zu erreichen sind. Der Originaltitel des von L. Ron Hubbard 1950 in den USA publizierten Werks lautet „Dianetics: The modern science of mental health". 1974 erschien die deutsche Übersetzung von Helmut Ziehe „Dianetics: Die moderne Wissenschaft von der geistigen Gesundheit". Seither wurde das Buch, mit gewissen Übersetzungsänderungen, vielfach neu aufgelegt und immer wieder mit großem Werbe- und Missionsaufwand verkauft.[2]

Weiterhin existiert zur Dianetik ein Begleitwerk von L. Ron Hubbard „Dianetics – die Entwicklung einer Wissenschaft" mit einer deutschen Übersetzung von 1974 (USA 1950) und eine Kurzfassung „Dianetik – die ursprüngliche These", mit einer deutschen Übersetzung von 1983 (USA 1951). Zudem gibt es eine „Kinder-Dianetik", die ebenfalls 1983 übersetzt wurde (USA 1951).[3] Diese drei Bücher L. R. Hubbards fügen dem Hauptwerk so gut wie nichts hinzu. Dies gilt nicht für ein späteres Buch von 1955, „Dianetik 55", in dem er neben einer weiterentwickelten Dianetik eine Anzahl Psychotechniken vorstellt, die mit der ursprünglichen Dianetik wenig zu tun haben.

Buch Nummer Eins blieb jedoch die „Dianetik" von 1950, nicht nur für die scientologischen Anwender (Dianetiker), sondern wohl auch für L. Ron Hubbard selbst. 1983 kam ein mit seinem Namen gezeichnetes Schreiben zum 33jährigen Dianetik-Jubiläum heraus, in dem es heißt: „Die Nachfrage nach Dianetik ist seit jeher unverändert hoch und Buch-Eins-Auditoren werden jetzt zu Tausenden ausgebildet. Kürzliche Forschungen haben den Weg zu vollkommener Freiheit für immer sichergestellt ..."[4] 1983 waren nach eigenen Angaben der Scientologen schon 20 Millionen Exemplare verkauft.[5]

Der Verstand: Perfekter Computer mit Produktionsfehlern

Bei der folgenden Darstellung des Dianetik-Menschenbilds werde ich die Kunstsprache der Scientologen bis auf wenige Ausnahmen in übliche Begriffe übersetzen. Das ist nicht so schwierig, wie der Text von „Dianetik" suggerieren will, da die Ideen, die L. Ron Hubbard verbreitet, auf dem Hintergrund einer guten biologischen und psychologischen Fachkenntnis leicht zu identifizieren sind. Hubbard selbst liegt daran, den Lesern durch die Einführung einer Vielzahl eigengeprägter oder umdefinierter Begriffe den Eindruck der Einmaligkeit seiner Erkenntnisse zu vermitteln. Dieser Eindruck täuscht. – Was auch immer an Hubbards Lehre und an der scientologischen Praxis einzigartig und einmalig sein mag, die Bestandteile seines Menschen- und Weltbilds sind es nicht.

Außerdem stelle ich das Menschenbild von „Dianetik" von Beginn an systematisch dar, was der Autor allerdings nicht tut. Er beginnt vielmehr in Kapitel I mit der ausführlichen Versicherung, Dianetik bilde wirklich das absolut neue und einmalige Wissen. In Kapitel II folgt die begeisterte Beschreibung des durch Dianetik zu schaffenden neuen Menschen (des Clear/clear). Systematische Darlegungen und logische bzw. empirische Gründe folgen jedoch nicht. Ohne nachvollziehbare Begründungen, ohne echte Auseinandersetzung mit anderen Ideen, entwirft Hubbard aus Versatzstücken des populären „wissenschaftlichen Denkens" in den USA der vierziger und fünfziger Jahre seinen dianetischen Menschen.

Für L. Ron Hubbard ist der Mensch ein Wesen, das vom Drang nach Überleben bestimmt wird. Alles Sein und Tun des Menschen zielt auf vier Formen des Überlebens, auf das Überleben als Individuum, auf das Überleben der eigenen Nachkommen, auf das Überleben der Menschengruppe, der man angehört, und auf das Überleben der Menschheit insgesamt (die vier Dynamiken). Der Mensch ist bei seinen Überlebensanstrengungen relativ unabhängig von der übrigen Natur, unabhängiger zumindest als andere Lebewesen. Trotzdem kann er nur mit Hilfe anderen Lebens (und unbelebter Materie) überleben, er ist von förderlichen Eigenschaften seiner Umwelt abhängig. Andererseits ist der Mensch auch von Negativeinflüssen abhängig (vom Unterdrücker/suppressor). Das Überlebenspotential jedes Menschen hängt davon ab, wo er sich auf der Skala zwischen Positiv- und Negativeinflüssen befindet, bzw. von der Fähigkeit, Probleme zu lösen. Alle Probleme sind aus dianetischer Sicht Überlebensprobleme, und ihre Lösung ist von der Vollständigkeit und Richtigkeit der Daten abhängig, die dem Verstand zur Verfügung stehen. Logische Fehler begeht der Verstand nicht, alle Fehler sind aus Hubbards Sicht Datenfehler.

Der Verstand des Menschen ist für die Dianetik der perfekte Apparat, der zwischen Sinneswahrnehmung (Eingang) und Verhalten (Ausgang) so vermittelt, daß das Verhalten optimal zur gerade zu bewältigenden Realität paßt. (Hubbard setzt dabei eine perfekte Sinneswahrnehmung voraus.) Seinen wichtigsten Teil bildet eine analytische Instanz, die aus den Wahrnehmungen Schlüsse zieht, indem sie auf Erinnerungen (Datenbank) zurückgreift und die Gesetze der Logik anwendet (analytischer Sinn / analytic mind). Dabei stellt sich Hubbard auch die Erinnerung im Prinzip als vollständig vor: Alle Wahrnehmungen des ganzen Lebens werden abgespeichert und stehen lebenslang zur Verfügung. Wenn dies nicht der Fall ist, sind Funktionsstörungen die Ursache. Der analytisch arbeitende Verstand hat aber noch weitere Fähigkeiten zur Problembewältigung. Er kann im Prinzip vollständig in eine vergangene Situation zurückkehren und sie wiedererleben. Er hat eine ebenso vollständige Fähigkeit, Phantasievorstellungen zu entwickeln und ihnen neue, bisher unbekannte Lösungen zu entnehmen. Also stellt sich der analytische Verstand nach dianetischem Verständnis als ein perfekter Apparat zur Informationsverarbeitung dar, der auf das Lösen von Überlebensproblemen programmiert ist, der dazu über vollkommene Datenspeicher verfügt und rein logisch funktioniert. Außerdem kann dieser analysierende Verstand das Hormonsystem und das vegetative Nervensystem perfekt steuern, so daß auch der Körperzustand seiner Kontrolle unterliegt.

Diesem „perfekten Computer" gegenüber spielen weder die Körperlichkeit des Menschen noch seine Gefühle eine eigenständige Rolle. Der Körper verfügt zwar über einen „somatischen Verstand", von dem aber nie recht klar wird, was er neben dem analytischen Denken noch zu tun hat. Die Gefühle werden auf eine einfache Skala von Stimmungen (Töne) zwischen Schmerz und Vergnügen, negativ und positiv, reduziert.[6] Sie drücken eigentlich nichts anderes als das „Überlebenspotential" aus, über das der Mensch momentan verfügt. Beim Tod sinkt die Stimmung auf 0, der Idealzustand liegt bei 4. Aber woran liegt es, daß der „perfekte Computer" Verstand

– um in Hubbardscher Begrifflichkeit zu bleiben – so oft auf einem niederen Überlebensniveau arbeitet? Es gibt im dianetischen Menschenbild einen Schurken, der die perfekten Leistungen der Sinne und des Denkens verhindert, nämlich einen dritten Teilbereich des Verstands, den „reaktiven Verstand" (reaktiven Sinn / reactive mind).

Der reaktive Teil des Verstandes stellt eine primitive Steuerinstanz dar, die den Betrieb aufnimmt, wenn das analytische Denken durch k.-o.-Schläge, durch Betäubungsmittel oder „Hypnose", durch Überlastung mit Schmerz, negativen Gefühlen ausgeschaltet wird. An sich wäre es gut, wenn dann eine primitivere, aber auch robustere Instanz den Betrieb übernimmt. Aber leider ist der reaktive Verstand erstens furchtbar dumm, und zweitens bildet er eigene Erinnerungen (Engramme), die außerhalb des Zugriffs des analytischen Verstandes bleiben und auf verschiedenste Weise das Denken und die Wahrnehmung stören. Der reaktive Verstand, dieser „Erzverbrecher der menschlichen Psyche", bringt seine Engramme rücksichtslos zur Wirkung, obwohl sie Überlebensprobleme des Menschen verursachen. Wenn die Engramme durch Impulse, die dem ursprünglichen Trauma ähnlich sind, später im Leben „einrasten" (lock), entstehen Defekte (Aberrationen) in allen Bereichen: Die Sinneswahrnehmung wird beeinträchtigt; der Intelligenzquotient sinkt; der Mensch zeigt unangemessene Reaktionen, wird neurotisch, entwickelt psychosomatische Krankheiten, wird empfindlich gegenüber Krankheitserregern. Die Engramme sind die Ursache für alle seelischen und geistigen Defekte des Menschen, für körperliches Leid und für Übel in Gesellschaft und Weltgeschichte. Ein gangbarer Weg, die Engramme zu löschen, wäre gleichzeitig ein Heilsweg für die Menschheit.

Natürlich bietet Hubbard einen solchen Weg an. Und überraschenderweise führt dieser Weg letztlich sogar über das innerweltliche Heil hinaus.

Wenn man die Hubbardschen Begriffe betrachtet, so wird klar, daß der datenverarbeitende Apparat „Verstand" von ihm materialistisch und streng deterministisch verstanden und mit Gehirn und Zentralnervensystem des Menschen gleichgesetzt wird. Die oben geschilderten Züge des Menschen, sein Drang nach Überleben, seine „Ökologie" zwischen beeinträchtigenden und förderlichen Einflüssen – all dies entstammt dem Darwinismus Mitte des 19. Jahrhunderts.[7] Damals wurde relativ häufig eine „Tonband-Theorie" des Gedächtnisses vertreten, eine Anschauung, die von der vollständigen Aufzeichnung aller Sinneswahrnehmungen ausgeht. Heute ist klar, daß dies nicht so ist und aus quantitativen Gründen auch nicht sein kann. Vielmehr nimmt das Gedächtnis eine enorme Informationsverminderung vor, um wichtige Daten zur Speicherung auszuwählen. Die gespeicherten Inhalte unterliegen einer beständigen Überprüfung, so daß man von der dauernden Rekonstruktion der Erinnerung spricht.[8] Die Kognitionspsychologie hat darüber hinaus erwiesen, daß es mit der reinen Logik des Denkens und Entscheidens beim Menschen nicht weit her ist: Häufig folgt das Denken Strategien, die einen pragmatisch-unlogischen Charakter haben.

Noch weniger nachvollziehbar schließlich ist die Idee Hubbards, Irrtümer im Verhalten seien im wesentlichen durch unvollständige Daten des analytischen Denkens bedingt. Menschliche Entscheidungen müssen notwendigerweise auf dem Hintergrund einer unvollständigen Datenbasis fallen. Sie folgen verschiedenen Strategien, die darauf zielen, mit Wahrscheinlichkeiten und Unwägbarkeiten möglichst erfolgreich umzugehen. Eine Entscheidungsinstanz, die vollständige Daten (im Sinn eines Determinismus) benötigte, um durch zwingende Logik (im Sinn einer strengen Kausalität) zu Entscheidungen zu kommen, wäre für jedes Lebewesen einschließlich des Menschen nutzlos und in kurzer Zeit tödlich. Kompetentes Verhalten bedeutet kompetenten Umgang mit Wahrscheinlichkeiten, Unerwartetem und Unwägbarem – nichts anderes. Von daher steckt in Hubbards Menschenbild von Anfang an der Kern einer technokratischen Illusion.[9]

Aber nicht nur darin zeigt sich der Abstand der Dianetik zur heutigen Psychologie: Auch die Verkürzung der Gefühlswelt auf eine Lust-Unlust-Skala stammt aus der materialistischen „Wissenschaft" von 1950, nämlich aus dem Behaviorismus, der damals in den USA auf dem Höhepunkt seiner Wirksamkeit angelangt war. Eine moderne Psychologie der Emotionen würde erheblich anders aussehen.[10] Und wenn man will, kann man in dem Erzschurken „reaktiver Verstand" eine Vulgarisierung des tiefenpsychologischen Unbewußten sehen, in dem die Engramme anstatt der populären „Komplexe" und „Verdrängungen" ihr Unwesen treiben.[11]

Der Geist: Eine okkulte Maschine

Die Anschauungen des wissenschaftlichen Materialismus und Determinismus, die im „Buch Nr. 1" regieren, werden von Hubbard überraschenderweise nicht durchgehalten. Schon in der „Dianetik" findet sich der Hinweis, daß der allmächtige Verstand das Ziel habe, auf ewig zu überleben, er strebt nach Unsterblichkeit. Wenig später gesellt sich mit der Entwicklung der „Scientology" zum dianetischen Verstand ein Geist mit einem eigenen, von der Materie unabhängigen Sein. Dieser Geist (der Thetan) trägt sogar personale Züge. Und er bildet nicht etwa nur einen nichtmateriellen Wesenskern des Menschen. Der Thetan benutzt offenbar alle Funktionen des Verstandes, den Erinnerungsspeicher, die Handlungsgewohnheiten und vor allem die schurkischen Engramme. Mit anderen Worten, in der Scientology wird der Mensch spiritualistisch verstanden, trotz aller Versatzstücke aus der Welt der Technik und der Naturwissenschaft. Zu den vier Triebkräften der Existenz (den vier Dynamiken) kommen deshalb vier weitere hinzu, nämlich das Überleben von Tieren und Pflanzen, das Überleben des materiellen Universums, das Überleben (oder weitere Dasein) geistiger Wesenheiten, das selbstbestimmte

„freie" Dasein des Thetans in Unendlichkeit. Probleme beim Verfolgen dieser vier höheren Ziele stammen in der Scientology aus früheren Existenzen und müssen von jedem Scientologen durch die Entladung seiner „Zeitspur" und durch einen Zugewinn an „Energie-Ausstoß" beseitigt werden. Dadurch und durch das „Training" wird der Scientologe über mehrere Stufen zum „Operierenden Thetan" (OT) gemacht. Der Begriff „Clear" bezieht sich dagegen nur auf das gegenwärtige Leben, die Dianetik von 1950 wird dadurch erheblich herabgestuft. So vollmundig sie einmal vorgetragen wurde, schon 1955 hatte sie sich als „nicht endgültig überzeugend" erwiesen. Selbst zum „Clear-werden" reicht diese Dianetik bei „tief verstrickten" Menschen nicht mehr aus.

Im Grund wiederholt sich in der Scientology lediglich der Konflikt zwischen analytischem und reaktivem Verstand auf einer höheren, geistigen Ebene. Der Geist wird von mentalen Energiebildern (Faksimiles) behindert, die sich durch ihre energetische Ladung nicht „handhaben" lassen, persönliche Energien binden und den Geist einengen. Diese Faksimiles stammen wie die Engramme aus traumatischen Erfahrungen aller Art, können aber auch von anderen Thetanen herrühren. Sie reichen viele Milliarden Jahre in die Vergangenheit zurück. Der „Preclear" muß lernen, diese Faksimiles aufzulösen oder so zu handhaben, daß sie keine „Aberrationen" mehr hervorrufen. Wie das praktisch zu geschehen hat, zeigt Hubbard anhand seiner Psychophysik, also anhand einer Theorie über die Beziehung zwischen materiellem Apparat (Verstand, Körper) und immateriellen Geist (Thetan).[12] Nach Hubbard besitzen die störenden geistigen Bilder, die auf der „Zeitspur" liegen, nicht nur quasi-physikalische Energie, die entfernt werden muß, sondern sie produzieren im Körper auch „Masse" – im Betrag von 30 Pfund bei einem Menschen, wie es in einem Handbuch heißt. Man habe das durch Wiegen nachgewiesen, wird gesagt – dem Naturwissenschaftler sei eine milde Skepsis gestattet.[13]

Der krude Materialismus der ursprünglichen Dianetik wird also keinesfalls aufgehoben, sondern durch die Hubbardsche

Psychophysik lediglich ins Spiritualistische gewendet. Nichts von den umfangreichen Überlegungen, die dem „psychophysischen Problem" in den letzten hundert Jahren in der Philosophie und Psychologie gewidmet wurden, taucht bei Hubbard auf. Seine Psychophysik wirkt autodidaktisch und daher nicht fundiert. Wenn überhaupt, dann liegt in dieser okkult-materialistischen Psychophysik das Besondere seines Menschenbildes. Die Idee, mit Hilfe eines einfachen elektrischen Geräts zur Selbsterlösung zu schreiten, konnte nur auf einem solchen Boden erwachsen (s. u.).

Aber wie kommt Hubbard überhaupt dazu, die materialistischen Versatzstücke seines Hauptwerks wenig später mit spiritualistischen, ja okkulten Vorstellungen zu verbinden? Daß Hubbard für seinen Okkultismus auf zeitgenössische Quellen zurückgreifen konnte, zeigt zwar die Verbindung, die er mit dem neusatanistischen Ordo Templi Orientis (O. T. O.) in Kalifornien hatte. Aber es ist auch gut möglich, daß beim Auditieren (s. u.) bei ihm und bei anderen Personen Phantasiebilder von früheren Existenzen, von fernen Welten usw. auftauchten. Das wäre weder bei einem Science Fiction-Vielschreiber wie Hubbard noch bei seinem Bekanntenkreis erstaunlich gewesen.[14] Der Grund dafür, solche Phantasien aufzunehmen und sie zu einem Überbau über die alte Dianetik auszuweiten, könnte außerdem ein pragmatischer gewesen sein: Durch den Glauben an den immateriellen Geist öffnete sich die Dianetik für das Jenseitige und Ewige, ohne diesen Glauben wäre sie als skurrile Variante zeitgenössischer Psychologie im Diesseits verblieben. Die scientologische Utopie vom neuen, „geklärten" Menschen strebt jedenfalls mit dem „Thetan" in die Unendlichkeit und ins Jenseits. Der menschliche Geist, eine okkulte Maschine – so läßt sich das Menschenbild der heutigen Scientologen zusammenfassen. Daß diese Maschine ohne Scientology nicht zum optimalen Laufen gebracht werden kann, davon versucht Hubbard seine Leser Seite um Seite zu überzeugen.

Die Methode des Engramm-Löschens heißt schon im „Buch Nr. 1" „Auditieren" (auditing). Das Wort Auditieren leitet sich vom lateinischen „audire" (zuhören) ab, der Hubbardsche Helfer ist ein Auditor. Wie man zu auditieren hat, das läßt sich Hubbards „Dianetik" aber nur mit viel Mühe entnehmen. Wenn überhaupt, ist die Beschreibung der Therapie noch verworrener und weitschweifiger als die von Menschenbild und Diagnose. Weiterhin spielt im „Buch Nr. 1" ein Gerät noch keine Rolle, das kurz darauf für das Auditieren hergestellt wurde: das sogenannte E-Meter. Denn das „Auditieren für alle", das von Hubbard zu Anfang verkündet wurde, wurde schnell wieder abgeschafft. Auditieren wurde immer komplizierter gemacht, so daß es nach eigenen Angaben der Scientologen erst 1968/70 eine Standard-Technologie des Auditierens mit Hilfe des E-Meters (Standard-Dianetik) gab. Diese Technik sei 1978 zur „Dianetik der neuen Ära" weiterentwickelt worden.[15]

Der unübersichtlichen Entwicklung wegen soll hier zuerst die Dianetik-Originalmethode des Auditierens beschrieben werden, das sogenannte Buch-1-Auditing. Danach wird die E-Meter-Variante des Auditierens noch zu beschreiben sein:

Durch Auditieren wird nach der Lehre von 1950 der Datenspeicher des reaktiven Verstandes entleert, und die Gedächtnisinhalte gehen in die Speicher des analytischen Verstandes über.

„Der reaktive Mind wird entfernt, indem man den Preclear zu dem Engramm ‚zurückkehren' läßt und dessen Inhalt vor dem prüfenden Blick des analytischen Minds ausbreitet" heißt es in der „ ursprünglichen These".[16] Einem „Preclear" steht das Heilsziel des Auditierens noch bevor, ein „clear" hat keine Engramme mehr in seinem „reaktiven" Speicher. Hubbard behauptet, daß sehr viele der Engramme, die es zu löschen gilt, aus der vorgeburtlichen Zeit stammen.

An einem Beispiel aus „Dianetik" soll gezeigt werden, wie das Löschen der Engramme durch Auditieren geschehen soll:

„... er (Anm. d. Vf.: der Auditor) hatte schon keine neuen Ideen mehr, als er plötzlich bemerkte, daß sie (Anm. d. Vf.: die Klientin) mit der Redewendung ‚viel später' sehr schnell bei der Hand war.

Auditor: Sagen Sie ‚viel später' und kehren Sie in die vorgeburtliche Zone zurück.

Mädchen: ‚Viel später. Viel später' etc. (sehr gelangweilt und unwillig zur Zusammenarbeit).

Auditor: Reden Sie weiter ...

Mädchen: ‚Viel später. Viel ...' Ich habe ein Somatik (Anm. d. Vf.: körperliche Empfindung) in meinem Gesicht! Es fühlt sich an, als würde ich gestoßen. (Für den Auditor war das eine gute Neuigkeit, denn er wußte, daß sie eine Schmerzabsperrung von der Mitte der vorgeburtlichen Periode an hatte, die verhinderte, daß spätere Somatiken in Erscheinung traten.)

Auditor: Gehen Sie mit ihm in engeren Kontakt und wiederholen sie es ununterbrochen.

Mädchen: ‚Viel später. Viel später.' Es wird stärker ...

Auditor: Reden Sie weiter.

Mädchen: ‚Viel ...' Ich höre eine Stimme! Dort! Das ist sie. Das ist ja meines Vaters Stimme!

Auditor: Hören Sie auf die Worte und wiederholen Sie diese bitte.

Mädchen: Er spricht zu meiner Mutter. Der Druck in meinem Gesicht ist sehr unangenehm. Er geht die ganze Zeit an mir hinauf und hinunter. Es tut weh.

Auditor: Wiederholen Sie seine Worte bitte.

Mädchen: Er sagt: ‚O Liebling, ich werde jetzt nicht in dich hineinkommen. Es ist besser, bis viel später zu warten und ein Kind zu bekommen.' Und hier ist die Stimme meiner Mutter. Also, dieser Druck tut mir weh. Nein, er hat bedeutend nachgelassen. Sehr komisch, sobald ich mit seiner Stimme in Berührung kam, ließ er nach.

Auditor: Was sagt Ihre Mutter bitte, wenn Sie sie hören können?

Mädchen: Sie sagt ..."[17]

Wir wollen uns ersparen, was die Mutter angeblich innerhalb dieser sexuellen Vorstellungsbilder äußert, die nach Überzeugung der Beteiligten auf der „Zeitspur" (time track) kurz nach der Zeugung liegen. Es wird deutlich, daß das Auditieren in einem Dialog besteht, durch den die beiden Partner (Therapeut und Klientin) bestimmte Vorstellungen aufbauen, indem sie von einzelnen Auslösern (Worten, Körperempfindungen, Emotionen usw.) ausgehen. Man spricht im Fall solcher Techniken davon, daß die Aufmerksamkeit fokussiert wird und daß Assoziationen angeregt werden. Sobald die um den Fokus herum entwickelten Vorstellungen einigermaßen vollständig und zusammenhängend geworden sind, werden sie als bewußt gemachte und damit gelöschte Engramme auf die Habenseite der Therapie verbucht. Die Fokussiertechnik des Auditierens ist einfach. In diesem Beispiel wird das mehrfache Wiederholen auslösender Worte benutzt, es gibt auch einige andere Möglichkeiten, die Aufmerksamkeit der Klienten bei den Auslösern festzuhalten. Dabei hilft es, wenn der Klient sich von vornherein in einem Zustand befindet, in dem die Aufmerksamkeit eher auf die eigenen Gedanken und Empfindungen als auf die Außenwelt gerichtet ist. Das wird von Hubbard auch empfohlen, der Klient soll sich in einem Zustand entspannter Konzentration (Reverie/reverie) befinden. Hubard meint, seine „Reverie" sei etwas ganz anderes als die Trance-Vorstufen, die Suggestionen leichter zur Wirkung kommen lassen, oder gar als die hypnotische Trance selbst. Die Beschreibung, wie dieser Zustand einzuleiten sei, spricht aber klar dagegen:

„1. Versichern Sie dem Patienten, daß er alles wissen wird, was geschieht.

2. Zählen Sie, bis er die Augen schließt.

3. Setzen Sie den Löscher ein.

4. Senden Sie ihn in einen Zeitabschnitt der Vergangenheit zurück ...

7. Bringen Sie den Patienten in die Gegenwart zurück.

8. Versichern Sie sich, daß er in der Gegenwart ist.

9. Geben Sie ihm das Löscher-Wort."[18]

Die enge Anlehnung an Hypnose-Techniken ist offenkundig. Die Aufmerksamkeit des Klienten auf die eigene Stimme zu richten, dann vorwärts zu zählen, mit den Zahlen die Vorstellung irgendeines „Hinabsteigens in das eigene Innere" zu verbinden, gehört zu den klassischen Trance-Induktionen. Auch das vorsorgliche Geben eines „Vergessens-Befehls" (bei Hubbard: Löscher/canceller), der nach Beendigung der Hypnose benutzt wird, ist eine klassische Hypnosetechnik, und ebenso klassisch wird die Trance durch Rückwärts-Zählen (mit der Vorstellung des Wiederaufstiegs) aufgehoben.[19]

Entstehung der Auditier-Phänomene – die suggerierte Innenwelt

Die Dianetik macht Anleihen bei der populären Tiefenpsychologie. Das gilt allerdings nur für die Vorstellungen von der individuellen Psyche, nicht für die Vorstellungen von dem, was in der Therapie geschieht. Hier legen alle Schulen der Tiefenpsychologie Wert, zum Teil sogar entscheidend Wert, auf einen Aspekt, den Hubbard übersieht: den Beziehungsaspekt des therapeutischen Geschehens. Begriffe wie Übertragung und Gegenübertragung, Widerstandsanalyse und vieles andere haben in der technokratischen Sicht Hubbards keine Entsprechung. Aber ohne ein Verständnis dafür, was in der Beziehung zwischen Auditor und „Preclear" abläuft, bleibt der Prozeß unverständlich – außer man begibt sich zur Erklärung in das Scientologen-System hinein. Das Verständnis ermöglichen dagegen die Begriffe Suggestion und Autosuggestion, die Hubbard zwar scharf ablehnt, aber vor allem deswegen, weil er sie als „Suggerieren von Inhalten durch den Auditor" versteht. Das mag beim Auditieren nicht direkt geschehen, trotzdem handelt es sich um eine dialogische Beziehung mit enormen Suggestions- und Autosuggestionsmöglichkeiten.

Natürlich wird die Produktion der scientologischen Vorstellungsmuster auch gelernt. Am Anfang tut man sich schwer, dann wird die Autosuggestion zur Routine, schließlich kann sich ein regelrechter Automatismus bilden, man kann sich (wie es auch von L. Ron Hubbard berichtet wird) jederzeit selbst „auditieren", das heißt sich in die Innenwelt dieser Bilder und Erlebnisse zurückziehen. Die hypnotische Trance erfordert allerdings den Hypnotiseur, nur selten gibt es Menschen, die sich selbst in tiefe Trance versetzen können. Aber die Auditier-Anweisungen Hubbards sind, wie gesagt, durchaus geeignet, eine solche Trance zu erzeugen. Das bewirkt keinen grundsätzlichen Unterschied im Ergebnis, wohl aber in der Art des Erlebens. Die suggestiv erzeugten Vorstelensmuster sind nie so besitzergreifend, so „lebensecht" für den Klienten, wie es innere Bilder in Trance sein können. Bei regelrechten Reisen in die eigene Innenwelt (oder, aus „Scientologen-Sicht", bei Rückkehr auf der Zeitspur) muß man also von einem Trance-Zustand ausgehen.

Weiterhin kann es durch den Dialogprozeß des Auditierens zu den heftigen Gefühlsausbrüchen kommen, von denen immer wieder berichtet wird.

Die „inneren Bilder" können zwar emotionsarm im Sinn eines Seelentourismus erlebt werden, müssen es aber nicht. Besonders wenn der Auditor die Aufmerksamkeit des Klienten auf die Emotionen fokussiert, können diese sich zu Extremen steigern. Da die „Preclears" am Auditierprozeß mitwirken, dürften sich sogar recht häufig reale Konflikte in den angeblichen „Engrammen" verschlüsseln. Und darin liegt eine erhebliche Gefahr: Das Auditieren sieht weder eine rationale Verarbeitung solcher Konflikte im Gespräch vor, noch sieht es eine therapeutische Beziehung vor, die eine Verarbeitung erlauben würde.

Im übrigen ist die Technik des „Buch Nr. 1 – Auditierens" alles andere als einmalig. Bei den sogenannten Rückführungen in Reinkarnationstherapie, bei geführten Astralreisen, bei schamanistischen Traumreisen und Chakren-Meditationen in New-Age-Zentren, in der Primärtherapie (Urschreitherapie) und anderen Methoden werden im Prinzip ähnliche suggestive Dialogtechniken benutzt.[20]

Das E-Meter wurde von Hubbard bereits kurz nach Erscheinen der „Dianetik" eingeführt.[21] Nach einer Beschreibung aus dem Psychologischen Institut der Universität Tübingen sowie nach der Beschreibung der Scientologen selbst handelt es sich um ein (gemessen an heutiger Technik) simples, batteriebetriebenes Gerät zur Messung des elektrischen Hautwiderstandes.[22] Der Proband wird in den Stromkreis eingeschaltet, indem er die Hände um zwei blanke Konservendosen legt.[23] Ein Amperemeter (Nadel/needle) zeigt die Stromstärke an. Mit einem Spannungsregler (Tonarm) kann diese Anzeige konstant gehalten werden: Steigt der Widerstand der Haut, geht die Stromstärke zurück, die „Nadel" sinkt ab bzw. umgekehrt. Durch kleine Erhöhungen oder Verminderungen der Spannung kann die Nadel wieder an den Eichpunkt gebracht werden. Das E-Meter zeigt also beim Auditieren zwei Werte an: Die vom Auditor zu wählende Stellung des Spannungsreglers (des Tonarms) signalisiert den zur Zeit gemessenen groben Durchschnittswiderstand der Haut, das Amperemeter (die Nadel) reagiert auf kleinere, schnellere Widerstandsänderungen, die sich dem Grobwert überlagern.

Der Auditor soll nach den scientologischen Anweisungen beide Anzeigen beachten; der „Tonarm" soll beim erfolgreichen „clearen" schließlich in einem mittleren Bereich landen, die Nadelbewegungen zeigen angeblich an, was im Geist des Probanden im Einzelnen vorgeht. Wenn durch die Wirkung eines energiegeladenen Faksimiles zum Beispiel „Masse" entsteht, wird der Stromfluß behindert, der Widerstand steigt, und der „Tonarm" muß nach oben ausreguliert werden. Es würde zu weit führen, alle scientologischen E-Meter-Deutungen zu erläutern, es ist auch schwierig, ohne genauere Untersuchungen etwas darüber zu sagen, wie die Nadelausschläge, auf die die Auditoren soviel Wert legen, tatsächlich zustande kommen.[24] Daß die Faksimile-Theorie samt der Hubbardschen Psychophysik für die Anzeigen nur Scheinerklärungen liefert, steht außer Frage.

Über das E-Meter wird im „Handbuch für den Ehrenamtlichen Geistlichen" gesagt: „Das Hubbard E-Meter ist ein religiöses Hilfsmittel, das für den ausschließlichen Gebrauch durch ordinierte Geistliche entwickelt wurde sowie für Theologiestudenten, die in seinem Gebrauch für kirchliche Dienste ausgebildet wurden. Es ist nicht dazu bestimmt, für irgendwelche medizinische oder körperliche Behandlung oder Verhinderung irgendwelcher Krankheiten benutzt zu werden, und ein solcher Gebrauch ist von der Kirche verboten."[25]

„Ein Auditor der Scientology ist ein ordinierter Geistlicher der Scientologykirche. Auditor heißt ‚jemand, der zuhört'. Er ist eine hoch ausgebildete Person und verfügt über ein großes Wissen, das sich auf ein Verstehen des Geistes gründet. Auditing ist ein Begriff, der ausdrückt, daß ein ausgebildeter Auditor die Prozesse (Prozeß: eine Reihe von Fragen, die einer Person von einem Auditor gestellt werden, um ihr zu helfen, Dinge über sich selbst oder das Leben herauszufinden) und Verfahren der Scientology anwendet. Auditing ist geistige Beratung.

Auditoren sind seit Beginn der Scientology die einzigen Menschen auf diesem Planeten und in diesem Universum gewesen, die in der Lage waren, den Menschen frei zu machen ...

Ein Auditor gibt geistige Beratung und hört Beichten in einer solchen Weise, daß entscheidende Verbesserungen im Leben derjenigen erreicht werden, die die Beratung erhalten."[26]

Einige grundsätzliche Anmerkungen zum E-Meter: Da der elektrische Widerstand von Hand zu Hand eines Menschen sehr groß ist, fließen nur geringe Ströme, deren genaue Messung technisch nicht einfach ist. Jeder damit befaßte Arzt oder Forscher weiß, daß geringfügige Störungen erhebliche Effekte hervorrufen können. Daher wird in der fachlichen Praxis versucht, den Übergangswiderstand zwischen Haut und Elektroden konstant zu halten, indem man eine genau definierte Elektrolytpaste (leitende Paste) und Elektroden bekannter Größe verwendet. Man klebt die beiden Elektroden z.B. auf der Haut von Brustkorb oder Schultern in festgelegtem Abstand auf, um zwischen verschiedenen Menschen überhaupt vergleichen zu können, um Bewegungen möglichst zu vermeiden usw. Niemand würde in der Fachwelt auf die Idee kommen, die Probanden blanke Dosen mit den Händen umfassen zu lassen, da jede Veränderung des Griffs, Veränderungen der Schweißabsonderung, alle willkürlichen und unwillkürlichen Bewegungen unvorhersehbare Effekte haben müssen. Man mißt also mit dem E-Meter nicht nur einen elektrischen Durchschnittswiderstand der Haut und dessen Schwankungen, sondern dem überlagert vielfältige Widerstandsänderungen, die andere Ursachen haben. Aber auch diejenigen Effekte, die wirklich auf eine Veränderung des Hautwiderstandes zurückgehen, sind deshalb nicht leicht zu interpretieren:

Alle möglichen Arten der Erregung, der Beruhigung, der Aufmerksamkeitsänderung und so weiter tragen zu einer Änderung der Schweißabsonderung und damit zu Widerstandsänderungen bei. Nur im kontrollierten Experiment ist es möglich, solche Änderungen psychologischen Ursachen zuzuordnen, ganz sicher nicht beim Auditieren, wo es schon an einer Aufzeichnung der Meßergebnisse fehlt. Beim Auditieren werden dessenungeachtet alle Schwankungen des Widerstands, welcher Herkunft auch immer, dianetisch interpretiert. Dem Dialog zwischen Auditor und „Preclear" wird damit (unter Beibehaltung der oben beschriebenen Prinzipien der Suggestion) ein scheinbar objektiv technischer Hintergrund gegeben. Daß beide Partner ihre Interpretation des Geschehens immer wieder bestätigt finden, dafür sorgen sie selbst, da die inneren Erlebnisse des Klienten – wie beschrieben – in einer Art von kreativem Dialogprozeß von ihnen erzeugt werden. Und das Ergebnis paßt sich sicherlich den Vorgaben an, die der Auditor von seinem E-Meter abliest.

Scientology wird als Weg zum alltäglichen Erfolg und zum ewigen Heil angeboten. Aber da dieses Angebot auf Illusionen und Irrtümern beruht, führt die Praxis der Dianetik weder zum alltäglichen, feststellbaren Erfolg noch – so ist anzunehmen – zum ewigen Ziel des OT Stufe VIII–XV – Daseins. Die Erfahrungsberichte, die von seelischen Erkrankungen, Suizidideen, Suiziden, Realitätsverlust und vielem anderen sprechen, häufen sich mittlerweile in erschreckender Weise.[27] Es lassen sich diese schlimmen Folgen der Dianetik teilweise psychologisch erklären:

Dianetik vereinfacht auf unglaubliche Weise die vielfältigen, komplexen Bedingungen, von denen das menschliche Fühlen und Erleben, Befindlichkeit, Selbstbild und Verhalten abhängen. Der Scientologe wird beim Auditieren systematisch dazu erzogen, Befindlichkeitsstörungen, mangelnde Leistung, ja schlichte Irrtümer den in ihm wirksamen Engrammen oder „Faksimiles" zuzuschreiben. Für alle Negativerfahrungen des Lebens kann also eine innere Ursache angegeben und gefunden werden, und technische Maßnahmen am E-Meter oder in Trainingskursen können diese Ursache (so meint man) beseitigen. Der Scientologe neigt immer mehr dazu, alles, was ihm widerfährt, auf sich selbst und seinen Innenzustand zu beziehen sowie den Inhalt seiner Vorstellungen für die Realität zu halten. Dadurch schwindet der Sinn für die Realität der menschlichen Existenz: Denn in Wirklichkeit wird jeder Mensch durch die geschichtlichen Bedingungen geformt, die seine Kultur hervorgebracht haben, und an denen er mit seiner Lebensgeschichte teilhat.

Dasselbe gilt für die Vorgaben von Körperlichkeit und Temperament, auch sie werden von ererbten Eigenschaften und von der Biographie geprägt, und auch sie sind nicht beliebig veränderbar. Ebenso wichtig ist das Auf und Ab des Alltags mit seinen Glücks- und Zufällen, von dem unsere Stimmungen teilweise abhängen, ohne daß wir an ihnen viel ändern könnten. All diese unverfügbaren Bedingungen menschlicher Existenz reichen bis ins Innerste der Psyche hinein und bilden das Geflecht dynamischer Beziehungen, in dem wir leben – ob wir dies erkennen oder nicht. Die gesamte Komplexität dieses Bedingungsgefüges wird in der Dianetik in den Apparat des Selbst hineinprojiziert und durch simple Bedienungstechniken für diesen Apparat scheinbar verfügbar gemacht. Das reale Selbst gerät in Konflikt mit dem Idealbild des OT-Übermenschen, oder gar mit dem Schreckensbild einer von Faksimiles überlasteten „Zeitspur", und die Folgen dieser innerseelischen Konfliktlagen können vielfältig und schwer sein. Aber sie können sich mit einem zentralen Begriff erfassen lassen: Wirklichkeitsverlust. Die Scientology-Philosophie unterstützt diesen Wirklichkeitsverlust noch, indem sie in der ihr eigenen Selbstüberschätzung predigt, jeder Mensch könne zur alleinigen Ursache für seine ganze Existenz aufsteigen. Die eigentliche Veränderungswirkung auf die Anhänger geht vom dianetischen Menschenbild und von der Praxis des Auditierens aus. Und leider scheint diese Praxis gerade solche beziehungsschwache und an technischen Funktionen orientierte Menschen anzusprechen, die sich schwertun mit dem Leben in Beziehungen, mit dem Angewiesensein auf Mensch und Umwelt, für die der Traum vom absolut selbstbestimmten Übermenschen die Ängste des Alltags zu bannen scheint.

Solche Menschen bringt unsere technische Kultur in großer Zahl hervor, und sie sind offen für eine Lehre, die ihre Vereinzelung zum Programm und ihr funktional-technisches Können zum Heilsmittel erhebt. Sie werden – unbewußt – durch die Dianetik zum Abbau ihres Wirklichkeitsbezugs angeleitet, bis sie scheitern oder bis sie es gelernt haben, sich in der scientologischen Welt zu behaupten – denn diese Welt ist die einzige, die nach scientologischen Regeln funktioniert. Die absolute Freiheit, die durch Dianetik erreicht werden soll, gibt es nicht – aber es gibt eine dem Menschen gemäße Freiheit, und in deren Namen muß das scientologische System nachhaltig kritisiert werden.

Anmerkungen

[1] Deutsche Scientology-Sonderbegriffe und/oder ihre englischen Pendants werden in Klammern beigefügt.
[2] L. Ron Hubbard, Dianetics: The modern science of mental health, USA 1950, deutsch: Dianetics: Die moderne Wissenschaft von der geistigen Gesundheit, Kopenhagen 1974 (weiter zitiert als „Dianetics".)
[3] L. Ron Hubbard, Dianetics – die Entwicklung einer Wissenschaft, Kopenhagen 1974; ders., Dianetik: Die ursprüngliche These, Kopenhagen 1983; ders., Kinder-Dianetik, Kopenhagen 1983.
[4] Originalüberschrift: L. Ron Hubbards Botschaft anläßlich des 33jährigen Jubiläums des Buches: „Dianetik, die moderne Wissenschaft der geistigen Gesundheit" Copyright 1983.
[5] Buchkarte mit Werbung von 1983.
[6] Dianetics, 24ff. Später wird die Vorstellung der vier „Zonen" im Rahmen der Scientology komplizierter, s. L. Ron Hubbard, Die Dynamiken und die Tonskala. Heft 29 des Kurses für professionelle Auditoren, Kopenhagen 1980 (USA 1952).
[7] E. Mayr, Die Entwicklung der biologischen Gedankenwelt, Berlin/Heidelberg/New York 1984.
[8] Einen modernen Überblick über die Kognitionswissenschaften bietet H. Gardner, Dem Denken auf der Spur, Stuttgart 1989 (USA 1985).
[9] Am deutlichsten kommt die technokratische Sicht menschlichen Problemlösens in der als Einführung gedachten Schrift zum Ausdruck: L. Ron Hubbard, Wir lernen das E-Meter kennen. Ungebundenes Manuskript; ders., Scientology 8–8000 o. D.; in großen Teilen identisch ist das Buch von L. Ron Hubbard, Understanding the E-Meter, USA 1988.
[10] Vergleiche z. B. M. J. Apter, The experience of motivation, London/New York/Paris 1982.
[11] H.-D. Reimer, Scientology und Religion, in: Materialdienst der Evangelischen Zentralstelle für Weltanschauungsfragen 45 (1982), 4.
[12] Hubbard, Understanding the E-Meter.
[13] Hubbard, Wir lernen das E-Meter kennen und ders., Scientology 8–8000, 54.
[14] F.-W. Haack, Lafayette Ronald Hubbard's Leben – Mythos und Wirklichkeit. Sonderdruck aus: Scientology – Magie des 20. Jahrhunderts, München 1982.
[15] L. Ron Hubbard, Dianetik 55, Kopenhagen 1983, 8f.
[16] Hubbard: Dianetik, Die ursprüngliche These, 73.
[17] Dianetics, 264f.; ein ausführliches Auditier-Protokoll enthält das Buch „Kinder-Dianetik" (vgl. Anm. 3); ebenso: L. Ron Hubbard, Haben Sie vor diesem Leben gelebt? Kopenhagen 1979 (USA 1950).
[18] Dianetics; 243; s. auch H. Schilling, Dianetics-Scientology-Scientology Kirche. Sonderdruck aus: Materaldienst der Evangelischen Zentralstelle für Weltanschauungsfragen 36 (1973), 8f.
[19] Z. B. T. Svoboda, Das Hypnose-Buch, München 1984.

[20] H. Hemminger, Flucht in die Innenwelt, Berlin 1980; V. Becker / H. Hemminger, Wenn Therapien schaden, Reinbek 1991.

[21] In: Hubbard, Haben Sie vor diesem Leben gelebt? von 1950 wurden fast alle Berichte aus früheren Existenzen mit dem E-Meter gewonnen.

[22] Aktion Bildungsinformation, Die Scientology-Sekte und ihre Tarnorganisationen, Stuttgart o. J., 52 ff.

[23] L. Ron Hubbard, Das einführende E-Meter-Buch, Kopenhagen 1975/1979/1980 (engl. 1966/1968).

[24] L. Ron Hubbard, Das Buch der E-Meter-Übungen, Kopenhagen 1974 (engl. 1965/1967/1968) (vgl. auch Anm. 9).

[25] L. Ron Hubbard, Das Handbuch für den Ehrenamtlichen Geistlichen, Kopenhagen 1983, 676.

[26] Ebda, XIII.

[27] Vgl. Aktion Bildungsinformation, a. a. O., 105 ff.; F.-W. Haack (Hg.), Täglich war ich diesem Druck ausgesetzt ... Erlebnisberichte zu Scientology, München 1983.

Scientology und Science Fiction

von Linus Hauser

Was hat Science Fiction mit Religion zu tun?

Lafayette „Ron" Hubbard hat im Laufe seines Lebens viele Science Fiction(SF)-Romane geschrieben. Zugleich wurde er im Laufe seines Lebens zum absoluten Heilbringer der Scientologen.

Ein SF-Autor als Heilbringer? Ist das nicht absurd? Was hat SF mit Religion zu tun? Unterstreicht dies nicht die – hier selbstverständlich nicht bestrittene – Trivialität dieser „Scientology" genannten Neuen Mythologie?

So einfach ist es allerdings nicht. Betrachten wir einen zentralen Punkt der SF: die Schilderung einer Reise durch Raum und Zeit. Solche Reisen sind nicht nur in der SF, sondern auch aus der Religionsgeschichte bekannt, es ist ein beliebtes Darstellungsmittel, um den Glauben an die göttliche Ordnung des Kosmos in Situationen größter Angst und Desorientierung zu bewahren [1].

Von diesem Gesichtspunkt her wollen wir uns dem Verhältnis von SF-Schriftstellerei und neureligiöser Theorie bei Hubbard zuwenden. Dazu sind einleitend einige Typen der Reaktion auf Angst und Orientierungslosigkeit zu skizzieren.

Angst essen Seele auf [2]

Es gibt Formen der Angst, die sich auf Einzelprobleme des Lebens richten, und es gibt Formen der Angst, die dann entstehen, wenn der gesamte Boden unter den Füßen weggezogen wird und wenn nicht nur „Etwas", sondern „Alles" fraglich geworden ist. Eine solchermaßen umfassende Angst entzieht dem Leben sämtliche Ordnungsstrukturen und wirft den, der diese Angst empfindet, radikal auf sich selbst zurück. Er ist restlos „haltlos" geworden.

Eine Möglichkeit (und diese interessiert uns hier), darauf zu reagieren, ist es, dem Verlust des „Bodens unter den Füßen" eine positive Seite abzugewinnen. Die erlebte „Haltlosigkeit" bringt den Wunsch hervor, über allem zu schweben, „cool zu sein", einen absolut überlegenen Standpunkt einzunehmen.

Diese Haltung kann sich bebildern, kann in Träumen des Tages und der Nacht selbst anschaulich werden. „Ich" schwebe über dem Ganzen des Kosmos (heute etwa: „Gaia" im New-Age-Denken) und sehe das „Ganze" als universale Ordnungsstruktur und die augenblickliche Situation der Un-Ordnung als durch den göttlichen Geist einge-ordnet, als Anweg zu größerer Ordnung.

Es gibt nun eine religiöse Erlebnisweise, der dieses Reisemotiv besonders dienlich ist. Es ist die Apokalyptik.

Träume von der kosmischen Reise

Der Apokalyptiker – ein Mensch, dem alle irdische Ordnung absolut zerbrochen ist – sieht in Visionen und Traumbildern Anfang und Ende der Welt oft als eine Reise im Raum und in der Zeit (Anfang und Ende der Geschichte/Ordnung der kosmischen Gesetze). Er sieht aus dieser Perspektive die alle Katastrophen dieser vergänglichen Welt übergreifende ewige Ordnung im Bereich der Naturgesetze und Geschichtsabläufe.

So reist etwa der alttestamentliche Prophet Henoch im äthiopischen Henochbuch (Endredaktion um die Zeitenwende) als „kosmischer Reisender" durch alle „natürlichen" und „übernatürlichen" „Geheimnisse" der Schöpfung mit seinem „Deuteengel" Michael. Der Autor der Henochbuches schreibt:

„Und dann geschah es, daß mein Geist entrückt wurde, und er stieg empor in die Himmel ... Und ich sah zwei Feuerströme, und das Licht jenes Feuers strahlte wie Hyazinth. Und ich fiel auf mein Angesicht vor dem Herrn der Geister. Und der Engel Michael, einer von den Erzengeln, faßte mich bei meiner rechten Hand, und er hob mich auf und führte mich hin zu allen Geheimnissen, und er zeigte mir alle Geheimnisse der Barmherzigkeit, und er zeigte mir alle Geheimnisse der Gerechtigkeit. Und er zeigte mir alle Geheimnisse der Enden des Himmels und alle Kammern der Sterne und alle Lichter, von wo sie ausgehen vor das Angesicht der Heiligen" (äthHen LXXI, 1–4).

Auf dieser Reise „sieht" der Apokalyptiker auch den Beginn der Geschichte, das Paradies, den Sündenfall, den Aufstieg und den Fall der großen Weltreiche und endlich das Ende als Katastrophe und Heilwerden des Kosmos [3].

Apokalyptische Traumvisionen werden immer in Situationen bedeutsam, in denen eine große Desorientierung herrscht und in der im Gegebenen wenig oder keine Hoffnung mehr zu entdecken ist. So ergibt sich das Bedürfnis, sich über „alle Umstände" zu erheben und über allem einen absoluten Standpunkt einzunehmen. In der großen seelischen Not apokalyptischen Erlebens von Wirklichkeit wird ein absoluter Blickwinkel gesucht. Mit den Augen Gottes zu schauen, alles zu verstehen und einordnen zu können, soll die irdische, als katastrophal erlebte Wirklichkeit erträglich machen. Noch besser aber ist es, nicht nur mit den Augen Gottes zu schauen, sondern selbst göttliche Kräfte zu besitzen – ohne, wie die antiken Titanen, daran zu scheitern: also ein Hubbardscher „Thetan" zu sein.

Superman – geboren 1938

Es gibt nun einen populären Mythos, der sich in den Comics und Filmen über Superhelden finden läßt, der diese Spannung, ein kleiner Mensch und ein Gott zu sein, besonders deutlich macht: Superman, der Prototyp eines Thetanen.

Wir kennen heute viele Superhelden. Bekannt sind: Batman, Spiderman, Captain America, Thor, der galaktische Silberstürmer, Hulk ... Der bekannteste ist aber der 1938 – im gleichen Jahr wie das SF-Debut von Hubbard – durch Jerry Siegel und Joe Shuster erstmals publizierte „Superman" alias „Clark Kent"[4]. Wir wollen ihn hier als erstes Beispiel einer thetanenhaften Allmachtsphantasie im Bereich der SF vorstellen. Dazu beginnen wir mit seiner Kindheitsgeschichte, die deutlich biblische Vorbilder hat und orientieren uns an dem gut zugänglichen Film „Superman" von 1979, der zu den erfolgreichsten Filmen aller Zeiten zählt.

Der vom Planeten Krypton (griechisch = verborgen) stammende Superman erhielt als Baby von seinem Vater Kor-El (El = hebräisch Gott) den Namen Kal-El (in einem „Küchenhebräisch" könnte man hier „alle Götter" assoziieren). Im Film sehen wir in der Einleitung, wie in der vollkommenen, geschlossenen weißen Licht-Welt Krypton ein Verbrechen, eine Revolte gegen Kryptons Ordnung, bestraft werden muß, was gleichsam einen Engelfall mit sich bringt. Die Kuppel öffnet sich, die Verbrecher werden in den Kosmos hinausgeworfen. Die Vollkommenheit der Lichtwelt zerbricht mythologisch folgerichtig in einer kosmischen Katastrophe. Vorher gelingt es Kor-El, seinen Sohn Kal-El zur Erde zu senden. Gelandet finden ihn seine künftigen Pflegeeltern aus „Smallville" in einem der Geburtsgrotte Jesu nachgebildeten Aufschlagtrichter. „Superboy" wächst heran und begibt sich nach dem Tode seines Pflegevaters in die Eiswüste, um dort dem Geist seines wirklichen Vaters zu begegnen. Dort erhält er einen Aussendungsbefehl und fliegt als „Superman" (vergleichbar dem Prolog des Markus-Evangeliums 1, 12) in die Wüste der Großstadt hinaus – nach „Metropolis". Dort lebt er unerkannt als lächerliche Gestalt, als ewig verlierender Reporter Clark Kent. In Zeiten der Not verwandelt er sich aber in Superman.

Superman unterscheidet sich von anderen Superhelden nicht nur relativ, sondern grundlegend durch seine nahezu absolut übermenschlichen Fähigkeiten: Er ist schneller als das Licht, stärker als jede andere Kraft ...[5] Er gleicht so einem „Thetan", dessen psycho-technologische Entwicklung die

Scientologen behaupten. Er ist aber trotzdem zugleich gebunden an eine absurde Existenzweise. Er ist im alltäglichen Leben die Clownsgestalt Clark Kent, und er ist als Superman niemals in der Lage, wirklich etwas in der Welt zu ändern. Genau dieser Punkt ist typisch für alle populären Superhelden. Hier bewahren sie die Erinnerung, daß der Mensch radikal endlich ist.

Superman-Thetan

Steht am Anfang der Mensch, der sich als radikal endlich und als Staubkorn im Getriebe der Welt betrachtet, so steht am anderen Ende, wenn wir die scientologische Sprache gebrauchen, der „Thetan“[6], der absolute Souveränität über Körper, Raum und Zeit und damit den Genuß der Welt besitzt.

Ein Thetan hat die Fähigkeit, in universaler Beherrschung von Raum und Zeit den Kosmos in seiner räumlichen und zeitlichen Erstreckung zu erschließen und so zum kosmischen Reisenden zu werden. Ein Operating Thetan ist gemäß scientologischem Verständnis

„... ein Clear, der mit seiner Umgebung so vertraut gemacht worden ist, daß er den Punkt erreicht hat, völlige Ursache über Materie, Energie, Raum, Zeit und Denken zu sein, und der nicht in einem Körper ist“[7].

„Thetanen ... können materielle Objekte bewegen, indem sie einfach einen Energiefluß auf sie stürzen. Sie können sich mit höchster Geschwindigkeit fortbewegen. Sie sind nicht durch Atmosphären oder Temperaturen begrenzt“[8].

Der Thetan hat, in der Comic-Sprache von Superman gesprochen, „Superpuste“, „Hitzeblick“, „Superbauchreden“, „Supertempo“ ...

Welche Persönlichkeit steckt hinter solchen Gedanken? Es ist nicht leicht, Hubbards Biographie zu rekonstruieren. Selbstlüge und Geschäftsinteresse haben viele Schichten von Halbwahrheiten und Lügen über sein Leben gelegt. Der Zufall half. Im Januar 1980 entdeckt der Hubbard-Verehrer Gerry Armstrong in Gilman Hot Springs Unterlagen zu und Erinnerungen an Hubbards Vergangenheit. In zwanzig Kisten lagerte authentisches Material über den „Herrn der Thetanen". Armstrong (immer noch Scientologe) fragt Hubbard um die Erlaubnis, seine Biographie zu schreiben. Hubbards Erben, die „messengers" an der Spitze des Scientology-Konzerns, klagten Armstrong an und schlossen ihn aus.

Die folgenden biographischen Notizen fußen auf diesem Material, das sich in Russell Millers Buch „Bare-faced Messiah. The true story of L. Ron Hubbard"[9] findet.

Lafayette Ronald Hubbard wurde am 11.3.1911 in Tilden/Nebraska (USA) geboren. Sein Lebenslauf ist durch große Unstetigkeit gekennzeichnet. Er bricht die Ausbildung an der Helena High School ab (1928), fällt bei der Aufnahmeprüfung für die Naval Academy in Annapolis durch (1928 wegen Mathematik), beendet eine Ausbildung an der Schule für Maschinenbau der George Washington University in Washington D. C. mit dem Hauptfach „Ziviltechnik" ohne Abschluß (1932).

Seine Begabung liegt im Ausspinnen von Fiktionen. Nach ersten Veröffentlichungen (1932) kommt für ihn mit dem Aufkommen der „pulp-magazines" (Groschenhefte) eine große Zeit. Er schreibt Kurzgeschichten voller Blut und Science Fiction und beginnt ab 1933 damit endlich auch eigenes Geld zu verdienen. 1934 wird in Hollywood sogar eine seiner Geschichten verfilmt. Im Zweiten Weltkrieg spielt Hubbard – entgegen eigenen Angaben – keine rühmliche Rolle.

Nach dem Krieg versucht sich Hubbard nicht nur im Science Fiction-Bereich, sondern auch als Satanist. Ansonsten drehen sich seine Gedanken um Finanzprobleme. Er pumpt

Leute an – in diesem Zusammenhang soll der oft zitierte Satz gefallen sein: „The easiest way to make money would be to start a religion" („der leichteste Weg, zu Geld zu kommen, wäre, eine Religion zu gründen")[10]. Fünf Jahre später wird Hubbard mit den Mitteln der SF eine Religion gründen und seine Maxime realisieren.

Bevor wir Hubbards Biographie weiterverfolgen, sollten wir uns deshalb die religiöse Bedeutung zeitgenössischer esoterischer und SF-Ideen für Hubbard bewußt machen.

Hubbards unmittelbare „Geistesahnen"

Lafayette Ronald Hubbards direkte Ahnen sind der SF-Autor Alfred Elton van Vogt (* 1912) und der in amerikanischen Esoterikerkreisen geschätzte Sprachphilosoph Graf Alfred Habdank Korzybski.

Der in der SF nicht unüblichen Neigung zur Parawissenschaftlichkeit entspricht es, daß der seit 1938 SF schreibende Hubbard seine pseudowissenschaftliche „Dianetik-Theorie" ursprünglich im Maiheft 1950 der SF-Zeitschrift „Astounding Science Fiction" (herausgegeben von John Wood Campbell jr., 1910–1971) publiziert. Am 9. 5. 1950 erscheint Hubbards „Dianetik" auch als Buch und erreicht bereits im Juli desselben Jahres die Spitze der Bestsellerliste in der Los Angeles Times. Es hält sich dort über Monate. Zwei Monate nach der Veröffentlichung seines Buches gibt es bereits 150 Dianetik-Gruppen in den USA. Das SF-Fandom[11] diskutiert diese „Theorie" mehrere Jahre lang kontrovers.

Der bekannte SF-Autor van Vogt schließt sich Hubbard an. Über seinen ersten persönlichen Kontakt mit Hubbard (1945) schreibt er:

„Es geschah, als ich das erste Mal Hubbard traf, daß es mir aufschien, daß nicht alle Menschen geistige Tiefflieger sind (pedestrian-type minds)".[12]

Van Vogt ist insofern interessant, als er schon vor Hubbard seine Version des „clear" gewordenen Blickes auf die Welt als eines Blickes aus der „Null-A"-/„nicht-aristotelischen" Perspektive publiziert hatte. Van Vogt ist somit nicht nur als Inspirationsquelle und Gefolgsmann interessant, sondern auch als Wegweiser zu Graf Korzybski, der bisher unbekannten und zugleich wichtigsten Quelle Hubbardschen Denkens. Denn er hat für seine Null-A-Philosophie den „nichtaristotelischen" Standpunkt des Sprachphilosophen und Mathematikers Graf Alfred Habdank Korzybski zugrundgelegt. In Korzybskis Theorie ist die dianetische Theorie eindeutig vorgebildet. Hubbard hat Korzybski mit Sicherheit gekannt, weil er Korzybskis Theorie nicht nur in ihren Grundgedanken wiederholt, sondern auch seine Fachausdrücke teilweise zitiert.[13]

Wichtig ist es auch, daß van Vogts an Korzybski orientiertes Konzept einer nichtaristotelischen Erkenntnisweise und einer entsprechenden Technologie früher als das Hubbardsche entstanden ist[14] und den gleichen „thetanenhaften" Machtgedanken enthält – ohne daß er dieses Konzept von sich aus zur „Religionsgründung" nutzte wie Hubbard. Es zeigt sich, daß das Hubbardsche Thetanenmodell ein typischer SF-Stoff und wesentlich von van Vogt und Korzybski beeinflußt ist.

Wenden wir uns also van Vogts Romanen zu:

Nach einer zunächst unfreiwilligen Reise in die Tiefen des Weltraums und in die Tiefen seines Selbst gelangt (der zum dritten Mal reinkarnierte) Gilbert Gosseyn, der Held der Romane, endlich zu der Erkenntnis, daß er zu einem Netzwerk von Über-Menschen gehöre:

„Er, der dritte Gosseyn, verfügte über die entscheidende Fähigkeit, von der alle sich die Lösung eines zwei Millionen Jahre alten Rätsels erhofften.

...

Nun war es soweit, eine Künderin, ein Mensch, der über ein zusätzliches Gehirn verfügte, ein weiterer, der in die Ferne zu ‚sehen' vermochte, und ein logisches Denkgebäude, das sie daran hinderte, sich gegenseitig zu vernichten. Möglicherweise existierten, über tausend Welten verstreut, weitere kleine Gruppen dieser Art, die blindlings danach trachteten zusammenzufinden; und wenn jede ihre Aufgabe erfüllte, dann würde das Ganze eines Tages eine handlungsfähige Einheit bilden.

Die fundamentale, die ausschlaggebende Realität bestand darin, daß das Nichts sich von neuem behaupten sollte.

Masse und Materie besaßen kein ‚Recht' zu existieren, sondern bestanden einzig und wurden zusammengehalten durch Anerkennung ihrer Existenz.

Bewandtnis besaß allein die Macht des Geistes über die Materie!"[15]

Nicht nur inhaltlich, sondern auch stilistisch hören wir in der van Vogtschen SF-Idee der „Lösung eines zwei Millionen Jahre alten Rätsels" über die „Macht des Geistes" hier die Ansprüche eines Hubbard, der im ersten Satz des ersten Kapitels seines Buches „Dianetik. Die moderne Wissenschaft der geistigen Gesundheit"[16] über seine Dianetik schreibt:

„Eine Wissenschaft über den menschlichen Geist ist ein Ziel, das Tausende von Menschengenerationen völlig in Anspruch genommen hat".[17]

Wesentlich für die geistige Entwicklung nach van Vogt ist eine Vervollkommnung nicht nur des eigenen „nicht-aristotelischen" kognitiven Denkens (dessen Eigenart van Vogt nie definiert), sondern auch eine biologische Vervollkommnung des Gehirns. So nennt van Vogts Held Gilbert Gosseyn zwei Gehirne sein eigen, von denen das zweite seinen Kopf um ein Sechstel gegenüber dem eines normalen Menschen vergrößert,[18] durch das er höhere Intelligenz, paranormale Fähigkeiten und eine Erweiterung seiner Sinneswahrnehmungen erhielt. So kann Gosseyn sich seiner selbst so bewußt werden:

„‚Ich entspanne mich jetzt', sagte er zu sich, ‚und alle Reize durchlaufen mein gesamtes Nervensystem, das Rückenmark entlang zum Thalamus, durch den Thalamus in den Kortex, durch den Kortex und dann ... durch den Thalamus zurück und wieder in mein Nervensystem. Ich nehme ganz bewußt wahr, wie jeder Eindruck meinen Kortex erreicht und ihn durchläuft'.

Das war der Schlüssel. Darin lag der Unterschied zwischen dem nichtaristotelischen Übermenschen und dem Tiermenschen der Milchstraße. Die Integration von Thalamus und Kortex, von Gefühlen und Urteilsvermögen, sorgte auf wunderbare Weise dafür, daß Gefühlsregungen nicht diskreditiert oder verdrängt, wohl aber dadurch vielfältiger und unverkrampfter wurden, daß der Kortex – jener Teil des Gehirns, der im Empfindungsfluß unzählige subtile Differenzierungen hervorzubringen imstande war – auf sie einzuwirken vermochte".[19]

Hubbard nimmt das Anliegen van Vogts auf, wenn er davon ausgeht, daß das Gehirn gleich einem vollkommenen Computer sei und daher „zu jedem Problem im Universum Berechnungen anstellen und Antworten liefern können (Anm. d. Vf.: sollte), die immer und ausnahmslos richtig sind".[20]

Dieser Computer soll im Prinzip im menschlichen Gehirn angelegt sein – auch wenn es faktisch alles andere als „clear" ist. Um zu dem „geklärten" „Grundgehirn"[21] zu gelangen, müssen die Hubbardschen „Ingenieurswissenschaften"[22] die Engramme, die Bewußtseinssperren, die den Menschen behindern, beseitigen. „Wir mußten hier eine neue Teilwissenschaft schaffen, um in der richtigen Weise über Engramme nachzudenken. Es ist die Wissenschaft der Wahrnehmungen. Kennen Sie die allgemeine Semantik (Anmerkung d. Vf.: Korzybskis)? Nun, wir benutzen denselben Aufbau, erfassen jedoch sämtliche Wahrnehmungen und zeigen, wo die Bedeutung einer jeden Wahrnehmung ihren Ursprung hat und warum der Mensch nicht mit Leichtigkeit und Gewißheit Unterschiede erkennen kann, solange er Engramme hat".[23]

Korzybski ging in seinem 1933 erschienenen Buch[24] von einer „psychophysiologischen" (45 u. ö.) Betrachtungsweise aller Formen psychischer Tätigkeit aus.

Diese psychophysiologische Betrachtung sei so leicht zu verstehen wie Lesenlernen oder Schreibmaschine schreiben (45), habe aber weitreichende heilende Konsequenzen. Die nichtaristotelische Betrachtungsweise, die Korzybski entwirft, helfe „jedem Individuum, seine Probleme selbst zu seiner eigenen und der der anderen Zufriedenheit zu lösen"[25]. Außerdem führe sie zu einer gerechten und zufriedenstellenden Weltordnung (45), in der eine Elite herrschen solle. Wir müßten nämlich akzeptieren, daß sich (Korzybski nennt hier das für ihn aktuelle Datum 1933) heute „99% der Weltbevölkerung kindisch und psychisch krank darstellen" (486).

Was aber ist das nichtaristotelische Denken?

Das gewöhnliche menschliche Denken funktioniere nach dem Muster willkürlicher „aristotelischer" Abstraktion, die sich über Jahrtausende psychisch, nervlich und muskulär in einer Weise niedergeschlagen habe, die Erkenntnissperren bewirke. Diese Sperren müßten durch die Übung des „nichtaristotelischen" Denkens (mittels der Wissenschaft der „Allgemeinen Semantik") aufgehoben werden. Nichtaristotelisches Denken sei damit nicht nur eine Philosophie, sondern eine psychophysische Therapie, die das menschliche Nervensystem elektrochemisch verändere.

Um der Evolution (321 f) des Menschen willen dürften wir deshalb in unserer nervlichen Verfassung nicht länger „Tiere kopieren" (397), sondern müßten auch nervlich und damit psychophysisch zu wahren Menschen werden. Auf diese Weise werde nicht nur ein neues ganzheitliches Erleben, sondern auch eine neue Stufe der Intelligenz und eine neue Art von Sinnesorganen geschaffen.

Sogar das Hubbardsche E-Meter findet seine Entsprechung im Denken Korzybskis. Die notwendige nichtaristotelische Hirnschulung sollte nach Korzybski an einem „Structural Differential" oder „Anthropometer" (398 f, 475) vorgenommen werden – einem Gerät, das allerdings wirkliches Lernen der verschiedensten Beziehungsmöglichkeiten zwischen Gedanken anschaulich erschließen kann. Das Anthropometer dient dazu, verschiedene Abstraktionsstufen des Erlebens und des Theoretisierens und den Grenzbegriff der „Realität an sich" anschaulich zu machen und wurde z. B. zum Training in der US Navy und US Army eingesetzt.[26] Hubbards E-Meter fußt hingegen nur auf fragwürdigem Umgang mit dem beim Scientology-Kunden vorausgesetzten Wissenschaftsglauben.

Die Anhänger Korzybskis führen in den dreißiger und vierziger Jahren mit dem Anthropometer Kurse zur nichtaristotelischen Hirnschulung für alle Alters- und Berufsschichten durch – manche Zeitbeobachter sehen darin einen „enthusiastischen Kult"[27]. Der Reiz dieses enthusiastischen Kults wurde allerdings nicht von Korzybski, sondern von Hubbard unter dem Namen „Dianetik" popularisiert.

Hubbards schlechtes Gewissen in den späten Science Fiction-Werken?

Schon 1952 überlegt Hubbard, ob Scientology, die Lehre von der Entgrenzung der menschlichen Seele und Dianetik (Körpergesundung) nicht in eine Religion verwandelt werden sollten. Kirchen werden gegründet: Church of American Science, Church of Scientology, Church of Spiritual Engineering. Seit den späten fünfziger Jahren werden CIA und FBI auf Hubbard aufmerksam. Hubbard glaubt sich von Widersachern umgeben: Innerhalb der eigenen Organisationen werden die Mitarbeiter regelmäßig einem „security checking" unterzogen. Der nächste Schritt auf dem Weg dieser ständig expandierenden Organisation ist die Entwicklung von „Ethics technology" durch Hubbard (1965). Es geht um totale interne und – so erhofft – globale externe Kontrolle der Menschen durch Scientology. In dieser Zeit steigender Kritik und staatlicher Kontrolle gründet Hubbard die „Sea Org", eine „private navy", und beginnt um 1969 in größtem Reichtum auf seinen Schiffen zu leben. Die „Commodor's Messenger Organisation", eine Eliteeinheit von Kindern (aus der später die Erben des Hubbardschen Religionskonzerns werden), wird zum gefürchteten Vermittler zwischen Hubbard und der Schiffscrew. „Brave New World" oder auch der „Lord of the Flies" (Diktatur der Kinder) werden auf den Hubbardschen Schiffen Realität. Mitte der siebziger Jahre zieht es Hubbard wieder in die USA zurück. In Clearwater (Florida) wird das heute noch bestehende Führungsquartier der Scientologen errichtet. Nachdem am 8. 7. 1977 134 FBI-Beamte die Zentren von Scientology in Los Angeles und Washington stürmen und 48 149 Dokumente sicherstellen, die von einem in die Regierung hineinreichenden Spionagenetz der Scientologen berichten,[28] fühlt sich Hubbard nirgendwo mehr sicher. Ende Februar 1980 „flieht" Hubbard mit zwei Getreuen und wird das letzte Mal gesehen. Hubbard beginnt in dieser Isolation wieder Science Fiction zu verfassen. Scientology gibt Hubbards Tod am 24. 1. 1986 an.

Sein Tod „ist von allerlei mysteriösen Unklarheiten umrahmt. Die letzten Lebensjahre scheint er wie ein paranoid Kranker verbracht zu haben. In ständiger Angst vor Staub und Unsauberkeit (!), vor Feinden und in stärkster Abschirmung."[29]

L. Ron Hubbard war mehrmals verheiratet und hatte mehrere Kinder. Für Scientology hat nur seine letzte Frau Mary Sue Bedeutung. Sie „hatte bis zu ihrem Sturz nach einem Strafprozeß und darauf folgender Gefängnisstrafe die höchste Position innerhalb der Organisation (Controller World Wide)".[30]

In seiner frühen Zeit hat Hubbard viele Romane phantastischen Inhalts geschrieben,[31] bis ihm mit einem seiner Science Fiction-Texte der Durchbruch zu einem kanonischen religiösen Buch gelang. In seinen späten Jahren hat Hubbard wieder angefangen, Science Fiction zu verfassen.

Hubbard hat im Stil der populären Literatur der dreißiger Jahre zwei Romanzyklen verfaßt. Der erste Zyklus ist das dreibändige Werk „Kampf um die Erde"[32] (Battlefield Earth: A saga of the year 3000), das van Vogt auf dem Klappentext des ersten Bandes als „Meisterwerk" bezeichnet. Der zweite Zyklus „Mission Erde" („Mission Earth") ist weit anspruchsvoller auf zehn Bände als „Dekalogie" angelegt und erscheint zur Zeit in Deutsch. Bisher sind zwei Bände erschienen „Die Verschwörer planen"[33] und „Der Anfang vom Untergang".[34] Beide Romanzyklen sind aber auch sehr aufschlußreich, wenn man sie im Hinblick auf die Lebensgeschichte ihres Autors interpretiert. Zunächst fällt schon das farbige Umschlagbild des ersten Bandes „Kampf um die Erde" auf. Auf einem Hügel steht ein „Held". Ein Bodybuilder mit entblößtem Oberkörper, einer Trapperhose und Kampfstiefeln. Er hält allerdings zwei der archaischen Kleidung nicht entsprechende Laserpistolen in den

Händen; um ihn herum zerstörte Hochhäuser, Raumschiffe und vor Monstern fliehende Menschen. Hubbard gestaltet diesen Helden „Jonnie Goodboy Tyler" als einen durchaus belächelbaren Retter der Menschheit in sehr (selbst-?)ironischer Weise. Jonnie ist ein Mensch, dem alle Erkenntnisse der Welt in den Schoß fallen und der außerdem mit einer Keule und einem Lasergewehr umzugehen vermag. Auf diese Weise rettet er die Welt vor den außerirdischen Invasoren. Wird hier ein Sehnsuchtsbild des alternden Hubbard gestaltet, der von seiner eigenen Fiktion, der Dianetik, aufgefressen wird und den ernsten Druck, ein „Messias" zu sein, nicht mehr aushält?

Auf den Schlußseiten des Romans wird aus dem Helden wieder ein Hubbardscher kosmischer Reisender und seine Lebensgeschichte ein Bestseller. Zwei Leitphantasien Hubbards, die im Roman das Ende eines Heldenlebens markieren:

„Doktor MacDermott, der sich selber für entbehrlich hielt, lebte noch viele, viele Jahre. Er schrieb ein Buch mit dem Titel ‚Jonnie Goodboy Tyler, wie ich ihn kannte'. ... Es ... war für ein breites Publikum gedacht, aber es enthielt dreidimensional bewegliche Farbabbildungen ... und die Erstauflage mit zweihundertfünfzig Milliarden Exemplaren war binnen kurzem vergriffen. Es wurde in achtundneunzigtausend verschiedene galaktische Sprachen übersetzt und immer wieder nachgedruckt".[35]

Unschwer erkennen wir hier den Traum eines letztlich vor der hohen Literaturkritik gescheiterten Schriftstellers.

Auf der Erde muß man sich den Lügen stellen. So bleibt entsprechend im Roman nur der Aufschwung in den Kosmos. Die letzten Zeilen des Romans lauten:

„Nicht lange nach seiner Rückkehr aus Amerika verschwand Jonnie. Seine Familie und seine Freunde machten sich große Sorgen. ... Er hatte bemerkt, daß er jetzt nicht gebraucht werde und sein Werk getan habe. Ein Lederbeutel, zwei Keulen und ein Messer fehlten. Der Drachenhelm und die Jacke mit den funkelnden Knöpfen waren noch an dem Haken, an den er sie zuletzt gehängt hatte.

Doch die Bewohner der Galaxien wissen nicht, daß er verschwunden ist. Fragt man auf irgendeinem beliebigen zivilisierten Planeten nach ihm, wird man höchstwahrscheinlich zur Antwort bekommen, er sei hier, ganz in der Nähe, hinter jenem Hügel".[36]

Die Unsichtbarkeit Hubbards auf seiner Yacht, die ihn der Strafverfolgung entzog, wird hier zur Ungreifbarkeit und Allgegenwart Jonnie Goodboy Tylers in den Galaxien.

Noch faszinierender als der „Kampf um die Erde" lassen sich die zwei ersten Bände der „Mission Erde" unter dem biographischen Aspekt lesen. Hier wird aus der Perspektive eines Außerirdischen geschrieben, der die Erde seinen dunklen Zwecken unterwerfen will. Faszinierend ist dabei, daß diese Perspektive eines außerirdischen Icherzählers konsequent die eines absolut Bösen ist. Mir ist noch nie ein Roman begegnet, der so eindeutig die Standpunktnahme des Bösen immanent aus der Icherzähler-Perspektive darstellt. In dieser Hinsicht sind die beiden ersten Bände dieses Zyklus bemerkenswert.

Hat Hubbard in „Kampf um die Erde" einen auch belächelbaren Helden dargestellt, der den kosmischen Reisenden in den sprichwörtlichen „Schatten" stellt, so gräbt Hubbard in „Mission Erde" noch tiefer. Der zynische, bodenlos böse Außerirdische als Schatten des Operating Thetan verfolgt den Science Fiction-Autor und zwingt ihn vor seinem Tode zur unfreiwilligen Darstellung der Wahrheit über die Scientologenträume.

Unfreiwillig entlarvt Hubbard sein pseudoreligiöses Lebenswerk in aufschlußreichen Passagen: Der Zusammenhang des abschließenden Zitats ist, daß der weltverschwörerische, außerirdische Bösewicht Soltan Gris versucht, eine Tarnung zur besseren Abwicklung geplanter Rauschgiftgeschäfte zu organisieren. Dann heißt es:

„Ich entwarf ein Krankenhaus. ... Und im Keller sollten einige versteckte Räume liegen, die niemand dort vermuten würde. ... Ich würde es als ‚Hospital zur barmherzigen Mildtätigkeit der vereinten Wohltätigkeitsorganisationen der Welt' eintragen und ein Vermögen damit verdienen. Der Apparatus[37] läßt einem eine ausgezeichnete Ausbildung angedeihen.

‚Wenn man etwas absolut Böses vorhat', pflegte einer meiner Professoren an der Apparatus-Schule zu sagen, ‚muß man sich stets den Anschein des absolut Guten geben'. Das ist eine der eisernen Maximen jeder fähigen Regierung".[38]

Über welchen „Apparatus" spricht Hubbard hier – nur über einen außerirdischen?

Anmerkungen

[1] Vgl. dazu L. Hauser / H. Schrödter, Mythos – Neomythos – Neue Religiosität, Wien 1991 (Heft Nr. 60 der Werkmappe Sekten, religiöse Sondergemeinschaften, Weltanschauungen) und D. Dormeyer / L. Hauser, Weltuntergang und Gottesherrschaft, Mainz 1990.

[2] In Anlehnung an einen Filmtitel von Rainer Werner Fassbender.

[3] Musterhaft ist dieses Thema durch Steven Spielbergs berühmten SF-Film „Unheimliche Begegnung der dritten Art – Die neue Version" (Close Encounters of the third kind – special version; USA 1977/80) aktualisiert worden.

[4] Vgl. dazu T. Hausmanninger, Superman. Eine Comic-Serie und ihr Ethos, Frankfurt 1989.

[5] Superman hat zwar auch eine „Achillesferse": die Berührung mit Kryptonit, einem Grundelement seines Heimatsystems. Diese dient aber nur dazu, die Abenteuer spannender zu machen.

[6] Vgl. dazu C. Evans, Kulte des Irrationalen, Hamburg 1976, 49–55. Der Terminus ist sicher in Anlehnung an „Titan" gebildet. Im Gegensatz zur klassischen Mythologie des Titanentums allerdings – die „klassischen" Titanen sind Scheiternde.

[7] Zit. nach F.-W. Haack, Scientology – Magie des 20. Jahrhunderts, München 1982, 137.

[8] Ebda, 15.

[9] Sphere Books 1988.

[10] Miller, Bare-faced Messiah, 152.

[11] Analogie zu Kingdom als „Königreich der Fans", Fangemeinde.

[12] A. E. v. Vogt, Reflections of A. E. van Vogt, Compiled under the auspices of the Oral History Program, UCLA 1964, 76f (zit. nach H. Whitehead, Reasonably Fantastic: Some Perspectives on Scientology, Science Fiction, and Occultism, in: Ed. J. J. Zaretzky / M. P. Leone, Religious Movements in Contemporary America, Princeton (New Jersey) 1974, 547–587, hier: 576) in eigener Übersetzung.

[13] Ein Bezug auf den Terminus von Korzybski „Allgemeine Semantik" findet sich (ohne den Namen Korzybskis zu nennen) in L. Ron Hubbard, Dianetik: Die Entwicklung einer Wissenschaft, Kopenhagen 1982, 77.

[14] Die Magazinfassung des ersten Teils namens „The World of Null-A" erschien 1945 (Buchfassung 1948). Im Deutschen sind die drei Romane heute in

einer einbändigen Ausgabe erhältlich: A. E. van Vogt, Null-A, München 1986 (enthält: The World of Null-A, 1945/48, The Players of Null-A, 1948, Null-A Three, 1984).

[15] A. E. v. Vogt, Null-A, München 1986, 646.

[16] Zit. nach der Ausgabe Genf 1979.

[17] L. Ron Hubbard, Dianetik. Die moderne Wissenschaft der geistigen Gesundheit, 15.

[18] v. Vogt, Null-A, 242.

[19] Ebda, 455.

[20] Hubbard, Dianetik: Die Entwicklung einer Wissenschaft, 1.

[21] Ebda, 31.

[22] Ebda, 7.

[23] Ebda, 77.

[24] Science and Sanity. An Introduction to non-aristotelian Systems and General Semantics, Lakefield 1933. Ich zitiere im Text nach der dritten Auflage Lakefield 1948 und lege die Zitate in eigener Übersetzung vor.

[25] Hier klingt es schon wie Werbung in Dianetik-Anzeigen.

[26] Vgl. dazu H. Fischer, Die „Allgemeine Semantik". Eine nichtaristotelische Wertungslehre Alfred Korzybskis, in: Studium Generale 6 (1953) 361–368, hier: 367. Dieser Aufsatz stellt übrigens eine gute Einführung in das Denken Korzybskis dar.

[27] Time 13. 3. 1950 – anläßlich des Todes von Korzybski. Eine esoterische Weiterentwicklung findet sich auch bei L. L. Whyte, The Next Development in Man, New York 1949.

[28] Vgl. Miller, Bare-faced Messiah, 440 u. 450.

[29] F.-W. Haack, Scientology, Dianetik und andere Hubbardismen, München 1991, 19.

[30] Haack, Scientology – Magie des 20. Jahrhunderts, 26.

[31] Vgl. etwa den vielsagenden Titel „Versklavte Seelen" (Slaves of Sleep, 1939), Frankfurt/Berlin/Wien 1978.

[32] Mit den Bänden „Menschheit in Gefahr", „Geheimnis enthüllt" und „Die Vergeltung" (1982, 1984, 1985), Dreieich (New Era Publications GmbH) 1986, 1987, 1988.

[33] (1985) Dreieich 1989.

[34] (1986) Dreieich 1990.

[35] Hubbard, Kampf um die Erde, 365.

[36] Ebda, 365.

[37] „Apparatus" ist der außerirdische Geheimdienst.

[38] Hubbard, Der Anfang vom Untergang, 92 f.

Die Ethik von Scientology

von Friederike Valentin

Unter Ethik versteht man allgemein die Lehre von den sittlichen Werten und Normen. Bei Scientology findet sich eine eigenwillige Interpretation dieses Begriffs. Ein Werk des Gründers, L. Ron Hubbard, „Einführung in die Ethik der Scientology", bringt folgende Definition: „Ethik besteht aus den Handlungen, die der einzelne auf sich nimmt, um optimales Überleben für sich und andere auf allen Dynamiken zu erreichen. Ethische Handlungen sind Überlebenshandlungen. Ohne die Anwendung von Ethik werden wir nicht überleben."[1]

Ethik ist hier nicht eine (Wert-)Haltung, sondern Teil der eigenen Organisation und gehört zur Unterabteilung „Inspektionen und Berichte"[2]. Sie hat innerhalb der Gesamtorganisation die Aufgabe, „Gegenabsichten aus der Umgebung zu entfernen. Wenn man das erreicht hat, wird der Zweck, Fremdabsicht aus der Umgebung zu entfernen."[3] Hinter dieser für viele ungewohnten Definition wird die Absicht von Scientology deutlich, Kritik auszuschalten, um das eigene Angebot – ohne „Störungen" durch kritische Stimmen – verbreiten zu können.

Als „unethisch" gilt folgerichtig „eine Aktion oder Situation, in die der einzelne verwickelt ist, die im Widerspruch zu den Idealen und Interessen seiner Gruppe steht ... die das allgemeine Wohlergehen einer Gruppe beeinträchtigt und sie in der Erreichung ihrer Ziele behindert."[4] Damit wird schon offenbar, wie stark sich Scientology selbst zum Maßstab macht.

Hubbard behauptet, „daß nur diejenigen, die ausschließlich nach Frieden strebten, je abgeschlachtet wurden. Die Tausende von Jahren an Passivität der Juden brachten ihnen nur ein Blutbad."[5] Diese Aussage läßt die für Außenstehende oft erstaunliche Vehemenz der Kritik der Scientology an Kritikern verständlich werden.

Scientology kannte früher den Status des Feindes, damals verbunden mit der Strafe des „Fair Game“, das folgendermaßen beschrieben wurde: „Er (Anm. d. Vf.: der Feind) darf seines Eigentums beraubt werden, er darf auf jede Weise durch einen Scientologen geschädigt werden, ohne Strafverfahren durch Scientologen. Man darf ihm Streiche spielen, ihn belügen, betrügen oder vernichten.“[6] Diese Art des „Fair Game“ hat zu Auseinandersetzungen in der Öffentlichkeit geführt und wurde 1968 nach außen hin aufgehoben. Der Text der Anweisung lautet: „Die Praxis, Leute zum FREIWILD zu erklären, wird aufhören. FREIWILD darf nicht auf irgendeiner Ethik-Order erscheinen. Es verursacht schlechte Beziehungen zur Öffentlichkeit.

Dieser Policybrief hebt keine Policy über die Behandlung oder Handhabung eines SPs auf.“[7] – Die Begriffe „Handhabung“ und „SP“ werden noch näher behandelt.

Der Antiscientologe: Die antisoziale Persönlichkeit

Scientology sieht im Kritiker eine antisoziale Persönlichkeit, die in Verbindung mit Kriminalität gebracht wird. Antisoziale Persönlichkeiten gelten als Ursache geschäftlichen Mißerfolgs sowie des Zerbrechens von Familien.

Merkmale der antisozialen Persönlichkeit sind u. a. fehlende Selbstkritik oder Sprechen in Verallgemeinerungen. „Gute Nachrichten werden gestoppt und nur schlechte Neuigkeiten werden, oft ausgeschmückt, weitergegeben ... In der Umgebung einer solchen Persönlichkeit finden wir eingeschüchterte oder kranke Angehörige oder Freunde, die, wenn sie nicht tatsächlich in den Wahnsinn getrieben werden, im Leben doch eine ziemliche Unfähigkeit an den Tag legen – scheiternd und erfolglos ... Es ist ganz nutzlos, solche Personen zu behandeln, ihnen zu helfen oder sie auszubilden, solange sie weiter unter dem Einfluß ihrer Beziehung zur antisozialen Person stehen."[8]

„Ungerechterweise finden wir die antisoziale Persönlichkeit nur selten tatsächlich in einer Anstalt. Nur ihre ‚Freunde' und Familienangehörigen sind dort ... Viele antisoziale Personen werden sich offen zu den erschreckendsten Verbrechen bekennen, wenn sie dazu gezwungen werden, aber sie werden keinen Schimmer von Verantwortungsgefühl dafür haben."[9]

Weitere Charakteristika sind: „Die antisoziale Persönlichkeit unterstützt ausschließlich destruktive Gruppen und wütet gegen jede Gruppe, die konstruktiv ist oder verbessern will, und greift sie an."[10] „Dieser Persönlichkeitstyp heißt nur destruktive Handlungen gut und kämpft gegen konstruktive oder hilfreiche Aktionen oder Unternehmungen."[11]

Ein weiteres Charakteristikum ist der Wunsch, „daß es anderen ausgesprochen schlecht geht."[12] Oft ist der Erfolg der sozialen Persönlichkeit Angriffsziel der antisozialen Persönlichkeit. So stellt die antisoziale Persönlichkeit eine Gefährdung dar: „Wenn wir die soziale Persönlichkeit nicht entdekken und vor unangemessenen Einschränkungen bewahren können und nicht ebenso die antisoziale Persönlichkeit entdecken und einschränken können, wird unsere Gesellschaft weiterhin unter Wahnsinn, Kriminalität und Krieg leiden, und der Mensch und die Zivilisation werden nicht fortbestehen."[13]

Scientology sieht in der Psychiatrie einen Hauptfeind, mit dem es bereits kurz nach Entstehen der Dianetik Kontroversen gab. Die Psychiater stellen eine Gruppe dar, welche die ersehnte Freiheit stoppt.

So müssen die „Auditoren bei Regierungen, in der Öffentlichkeit und durch all ihre Beziehungen darauf hinarbeiten ..., die falschen, psychiatrischen Behandlungen durch geistig gesundes Auditing zu ersetzen."[14]

Neben den Psychiatern gibt es eine Reihe anderer problematischer Gruppen, z. B. „Politiker, Polizisten, Zeitungsleute und Leichenbestatter."[15] Aber: „Es sind nicht einfach nur die Politiker, die Soldaten, die Militaristen, die Leute, die die großen Raketen bauen, und die Zeitungsreporter, die eine bedrohliche

Umwelt schaffen. Es gibt viele, die ihr ganzes Leben als berufsmäßige ‚Chaos-Händler' verbringen, indem sie einfach alle Leute um sich herum zu Tode ängstigen. Der Prozentsatz ist wahrscheinlich 20% – jeder Fünfte ist also ein ‚Chaos-Händler'. Sie verbreiten Verwirrung und Unruhe." [16] – Als wirklich gefährlich werden aber nur 2,5% der Bevölkerung angesehen. Daher ist mit relativ geringer Anstrengung die Lage der Gesellschaft wesentlich zu verbessern. An anderer Stelle findet sich der Hinweis: „Anscheinend sind etwa 15 bis 20% der menschlichen Rasse geisteskrank." [17] Da Geisteskrankheit sich nach Scientology auch darin äußert, daß Scientology kritisiert wird, ist Kritik in die Nähe von Geisteskrankheit gerückt (s. u.).

Problemverursacher – PTS und SP

Eigene Bezeichnungen wurden für solche Menschen, die Probleme verursachen, geschaffen: Eine unterdrückerische Person ist ein SP (suppressive person), eine potentielle Schwierigkeitsquelle wird als eine PTS (potential trouble source) bezeichnet. SP „ist eine andere Bezeichnung für ‚antisoziale Persönlichkeit'." [18] Unterdrückerische Personen wollen nicht die Verbesserung anderer: „In Wirklichkeit hat ein SP totale, schreckliche Angst davor, daß irgend jemand machtvoller wird." [19] Mit einem SP ist jede Verbindung zu lösen. Betont wird nur, daß bei der Handhabung dieses Problems keine Gesetze des Landes gebrochen werden sollen. Hubbard sieht es aber offensichtlich nicht als Delikt an, ein Dokument zu stehlen oder zu fälschen, um Feinde zu beseitigen. „Eine wahrhaft unterdrückerische Person oder Gruppe hat keinerlei Rechte eines Scientologen." [20] Die Rechte des Scientologen sind also offensichtlich größer als diejenigen „normaler" Menschen. Gegenüber einem Kritiker kann jemand aus Scientology möglicherweise sogar so weit gehen, „daß einer seiner Feinde in der Dunkelheit dumpf aufs Straßenpflaster klatscht oder das ganze feindliche Lager als Geburtstagsüberraschung in riesigen Flammen aufgeht." [21]

PTS ist jene Person, „die auf irgendeine Weise mit einer unterdrückerischen Person in Verbindung steht und von dieser Person her nachteilige Auswirkungen erfährt. Sie wird als eine *potentielle* Schwierigkeitsquelle bezeichnet, weil sie sich selbst und anderen eine Menge Schwierigkeiten bereiten kann."[22] – Wie negativ sich dieser Zustand auswirken kann, zeigt folgender Satz: „Alle Krankheit in größerem oder geringerem Grade und jedes Verpfuschen einer Sache stammen direkt und ausschließlich von einem PTS-Zustand her."[23]

Es gibt drei verschiedene Typen von PTS: „Die erste Art PTS-Person ist eine, die mit einer unterdrückerischen Person in ihrer gegenwärtigen Umgebung Umgang hat oder in Verbindung steht."[24] PTS Typ I ist also jemand, „der eng (wie z.B. durch Ehe- oder Familienbeziehungen) mit Personen in Verbindung steht, die bekanntermaßen mentaler oder geistiger Behandlung oder der Scientology gegenüber antagonistisch eingestellt sind ... das Entscheidende aber ist, daß solche Personen den Scientologykirchen und den Mit-Scientologen eine Menge Unruhe und Schwierigkeiten bereitet haben."[25] Jegliche Verbindung zu SPs haben Scientologen aufzugeben. So gab Hubbard auch die Anweisung für den privaten Bereich: „Keine Führungskraft, die ein sexuelles Verhältnis mit einer Person beginnt oder fortsetzt, die der Dianetik und Scientology gegenüber feindselig eingestellt ist oder eine aufgeschlossene Haltung hat, darf auf Posten oder in der Organisation verbleiben."[26]

Bei PTS Typ II wird jemand durch eine Person oder etwas in seiner Umgebung an einen Unterdrücker erinnert. „Ein Unterdrücker ist immer eine Person, ein Wesen oder eine Gruppe von Wesen. Ein Unterdrücker ist *nicht* ein Zustand, ein Problem oder ein Postulat."[27]

Im Fall des PTS Typ III „ist der *scheinbare* SP des Typs II über die ganze Welt ausgebreitet und ist häufig mehr als alle Leute, die es gibt – denn die Person hat manchmal Geister um sich oder Dämonen, und die sind einfach weitere scheinbare SPs, obendrein aber auch eingebildete Wesen."[28] Unter Dämonen werden hier Mittlerwesen zwischen Mensch und Gott, also Geister verstanden.[29]

Es gilt als Verstoß gegen die Richtlinien von Scientology, „wenn ein Scientologe PTS ist oder wird, ohne es zu melden oder Maßnahmen zu ergreifen, oder wenn er Auditing erhält, während er PTS ist. Auch darf eine PTS-Person nicht ausgebildet werden."[30] Damit ist implizit die Offenlegung der privaten Kontakte verbunden.

PTS-Kontakte sind schädlich, also muß dagegen etwas unternommen werden. Die Scientology-Sprache übersetzt das Wort „handhaben": „Der Ausdruck *handhaben* heißt gewöhnlich, wenn er im Zusammenhang mit der PTS-Technologie benutzt wird, eine Situation mit einer anderen Person durch die Anwendung der Kommunikations-Technologie in Ordnung zu bringen.

Der Ausdruck *Abbrechen der Verbindung* ist definiert als eine selbstbestimmte Entscheidung einer Person, daß sie nicht mehr mit einer bestimmten anderen Person in Verbindung sein wird. Es ist die Abschneidung einer Kommunikationslinie ... Es ist ganz ähnlich, wie man mit einem Verbrecher verfährt. Wenn er sich nicht handhaben lassen will, dann greift die Gesellschaft zur einzigen anderen möglichen Lösung: Sie ‚trennt' den Verbrecher von der Gesellschaft – sie bricht die Verbindung mit ihm ab."[31] Eine feindliche Einstellung gegen Scientology wird auf den Mangel an Information zurückgeführt. Eine richtige „Handhabung" einer solchen Konfliktsituation kann im positiven Fall dazu führen, jemanden letztlich für Scientology zu gewinnen.

Wenn ein PTS einer Scientology-Organisation Geld schuldig ist, dann wird er zunächst wie jeder andere Scientologe behandelt. Allerdings kann das Versagen, seiner finanziellen Verpflichtung nicht nachzukommen, auch auf zivilrechtlichem Weg seine Folgen haben. „Man kann auch Gerichtsverfahren gegen SPs einleiten, um geschuldete Gelder einzutreiben, da SPs kein Recht auf Scientology-Ethik-Verfahren haben."[32]

Wer Scientology ablehnt – und damit unterdrückt –, ist in Hubbards Augen geistig krank: „Die wirklich Wahnsinnigen sind die unterdrückerischen Personen. Sie sind die *einzigen* Psychotiker."[33]

Unterdrückerische Handlungen sind „diejenigen versteckten oder offenen Handlungen, die wissentlich darauf berechnet sind, den Einfluß oder die Tätigkeit von Scientology zu verkleinern, einzuschränken oder zu zerstören ... Da Personen oder Gruppen, die so etwas machen, nur aus Eigeninteresse heraus zum Schaden aller anderen handeln, können ihnen nicht die Rechte gewährt werden, die rationalen Wesen normalerweise gewährt sind."[34]

Zu unterdrückerischen Handlungen zählen u. a., Embleme von Dianetik oder Scientology ohne ausdrückliche Erlaubnis zu verwenden, eine Splittergruppe zu organisieren, Materialien von Dianetik oder Scientology unautorisiert zu gebrauchen oder sich gegen Scientology zu äußern. Eine unterdrückerische Handlung ist auch, wenn sich ein Scientologe nicht von seiner feindlich eingestellten Umgebung trennt oder sie nicht „handhabt". Gleichsam selbstverständlich werden diejenigen als Unterdrücker angesehen, die finanzielle Forderungen an die Organisation stellen und deswegen einen Zivilprozeß gegen Scientology oder ein Mitglied führen. Selbstverständlich zählt dazu die Mitgliedschaft in einer Anti-Scientology-Gruppe.

„Totale Freiheit erfordert totale Disziplin"

Scientology intendiert mit ihrer Ethik Kontrolle. So heißt es auch: „Um überhaupt zu leben, muß man etwas Kontrolle über Gleichgestellte ebenso wie Untergebene und (glauben Sie es oder nicht) Vorgesetzte ausüben."[35]

„Totale Disziplin" kann auch hartes Durchgreifen erfordern: „Unsere disziplinarischen Maßnahmen sind durchaus imstande, jemanden verrückt zu machen, und zwar aufgrund der Natur dessen, was er da angreift. Wir können daher nur allzu leicht durch ein bloßes Flüstern bewirken, daß jemand sich schuldig fühlt."[36] Das Ethik-Buch kennt 36 „Stufen von Ethik-Aktionen", die von „Etwas, das nicht optimal ist, zu bemerken, ohne es zu erwähnen, sondern lediglich schweigend zu inspizieren"[37] bis zu „Ausschluß aus Scientology"[38] reichen.

Scientology unterscheidet vier Kategorien von Verbrechen und Verstößen: Fehler, Vergehen, Verbrechen, Schwerverbrechen. Zu den Vergehen zählen u. a.: „Für einen rein auf Vertrauensbasis erhaltenen Scheck ... eine Rechnung auszuschreiben und/oder ihn bei der Bank einzuzahlen."[39] Damit ist ein Scheck gemeint, der zum Zeitpunkt der Ausstellung nicht wirklich gedeckt ist, von dem aber der Aussteller sagt, daß er zu einem späteren Zeitpunkt gedeckt sein wird. Ebenso dürfen keine Dienste der Organisation auf der Basis eines solchen Vertrauensschecks gegeben werden. Diese oder ähnliche Verstöße haben eine Reduzierung des Lohns um ein Drittel zur Folge.

Zu Verbrechen zählen „Verstöße, die normalerweise als kriminell angesehen werden. Verstöße, die in Scientology als Verbrechen verhandelt werden, sind u. a.: Nichtbefolgung dringender und sehr wichtiger Anordnungen ... Scientology oder Scientologen einer Gefahr auszusetzen ..., eine potentielle Schwierigkeitsquelle zu sein oder zu werden, ohne es zu berichten oder Maßnahmen zu ergreifen ... Eine Position in der Organisation zu benutzen, um sich eine Privatpraxis aufzubauen ... Sich zu weigern, Strafen zu akzeptieren ... Kommunikation, die von höheren Stellen her kommt, zu verfälschen ..., unter Vortäuschung falscher Tatsachen Darlehen oder Geld zu erlangen."[40]

Verbrechen können dazu führen, daß Zertifikate zumindest zeitweise aufgehoben werden, sie können aber auch zu Ausschluß führen.

Schwerverbrechen sind z. B., „die grundlegenden Kommunikationslinien der Scientology abzuschneiden"[41] oder „daß man sich öffentlich von der Scientology abkehrt oder unterdrückerische Handlungen begeht.

Unter den Strafen, die dieser Art von Verstößen zugemessen werden können, befinden sich sowohl die Aufhebung von Zertifikaten, Klassifizierungen und Auszeichnungen als auch die Strafen, die von Komitees der Beweisaufnahme empfohlen werden."[42]

Das „Rehabilitationsprojekt"

Das „Rehabilitation Project Force" (RPF) wurde 1974 als selbständige Einheit von Hubbard als ein sehr hartes, strenges Handhabungssystem für Mitarbeiter (Staff-Members) errichtet, die sich etwas zuschulden haben kommen lassen. Hier hat das Mitglied sowohl Arbeitsdienst zu verrichten als auch mehrere Stunden in Scientology zu studieren. Verschiedenen Berichten zufolge ist normales Gehen verboten, man darf nur laufen. Es ist verboten, mit jemand anderem außerhalb des RPF zu sprechen oder überhaupt Notizen nach außen zu geben, wenn nicht vorher der RPF-Vorgesetzte davon in Kenntnis gesetzt wurde. Keiner darf alleine gehen, auch nicht zur Toilette. Post wird zensuriert. Es darf nur der genau bezeichnete RPF-Bereich betreten werden. Außerdem ist eine Uniform Pflicht. Musik, Fernsehen, Kartenspielen, Parfum u. a. sind verboten. Nach einem Bericht waren die Schlafmöglichkeiten katastrophal; nächtliche Kontrollen waren üblich, damit sich niemand vom RPF entfernen konnte; weiters heißt es: „Man wurde gezwungen, 18 Stunden pro Tag zu arbeiten, 7 Tage in der Woche, und häufig hat es nur ‚Reis und Bohnen' und Wasser gegeben. In dieser Zeit sah ich mit eigenen Augen, wie jemand mit Ketten mehrere Wochen lang an Leitungsrohre im Heizraum ... gefesselt war. In der RPF erlebte ich, daß Leute brüllten und schrien während des ständigen ‚Auditing' mit dem E-Meter."[43]

Früher bestand das Guardian-Office zur „Handhabung" von Kritikern: „Ihm ist die Obhut und die Verteidigung der Scientology allgemein übertragen. Der Zweck dieser Organisation besteht grundsätzlich in einer Schutzfunktion."[44]

Im Umgang mit Kritikern hat Scientology eine eigene Strategie entwickelt, die Schwarze Propaganda. Darunter wird folgendes verstanden: „Propaganda zur Zerstörung des Ansehens von oder des Vertrauens der Öffentlichkeit in Personen, Firmen oder Nationen. Sie ist ein verbreitetes Werkzeug von Leuten oder Gruppen, die wirkliche oder eingebildete Feinde zu vernichten suchen oder nach Vorherrschaft in einem Bereich streben."[45]

Auf negative Public Relation soll im Sinn des Buches „Die Kunst der Kriegsführung" von Sun-tzu aus dem 4. Jahrhundert v. Chr. geantwortet werden: „Eine der Agententypen, die dort beschrieben werden, ist der ‚tote Agent', weil er dem Feind Lügen erzählt, und so kommt ihm der Feind auf die Schliche, so tötet er den Agenten.

Normalerweise besteht feindliche ... PR aus den üblichen Lügengespinsten.

Findet man die Lügen heraus, die verbreitet werden und weist auch nur eine als tatsächliche Lüge nach, so hat man erreicht, daß die Konter-PR auf den Betreffenden zurückfällt. Sein Zuhörer wird ihm niemals wieder glauben. Er ist tot ... Das ist korrekte defensive PR."[46]

„Die Technik, zu beweisen, daß Äußerungen falsch sind, nennt sich ‚DEAD-AGENTING' (‚tote-Agenten'-Methode). Sie steht im ersten Buch der chinesischen Spionage. Wenn der feindliche Agent falsche Angaben macht, dann werden diejenigen, die ihm geglaubt haben, aber jetzt herausfinden, daß sie falsch sind, ihn töten – oder wenigstens aufhören, ihm zu glauben ... Die *beste* Art, Dead-Agenting zu machen, wenn eine Person eine widerlegbare Behauptung von sich gibt, besteht darin, herauszufinden, WER es war, seine Aufmerksamkeit fest darauf zu richten und dann den Gegenbeweis zu liefern ...

Das wesentliche beim Dead-Agenting ist ein BEWEIS, in welcher Form auch immer ... JEDER FREUND, JEDER MEINUNGSFÜHRER, JEDER IHRER MITARBEITER SOLLTE MIT EINER DEAD-AGENTING-MAPPE VERSORGT WERDEN, DIE BEWEISE GEGEN DIE ÜBLICHEN GERÜCHTE ENTHÄLT"[47] Die Datensammlung kann durchaus umfangreich sein: „Es kann sein, daß es mehr als eine *scheinbare* Quelle gibt, und diese können gehandhabt werden. Aber sie werden letzten Endes zum wirklichen Anstifter führen ... Man fährt einfach ständig damit fort, Namen festzustellen und in Akten mit Datum dazu abzulegen.

Nach einiger Zeit wird die Akte eines Namens sehr dick sein. Das ist ihr Knabe – oder die Gesellschaft oder das Unternehmen oder die Nation"[48].

Aussteiger als Feinde

Wer Scientology verläßt, ohne die zuständigen Stellen innerhalb der Organisation informiert zu haben (also „abhaut", „*blowt*"), und nicht innerhalb eines bestimmten Zeitraums wieder zurückkommt, gilt automatisch als unterdrückerische Person.

Wer austritt und eine Rückzahlungsforderung stellt, erhält folgende „Erklärung" zur Unterschrift übersandt:

„Ich ... bin Mitglied der Scientology Kirche ... und habe in der Zeit von ... bis ... als Mitglied dieser Kirche kircheninterne Leistungen erhalten. Für diese Leistungen habe ich vereinsintern festgelegte gestaffelte Spendenbeiträge bezahlt.

Ich erkläre hiermit meinen Austritt aus der Scientology Kirche .., da ich mit den erklärten Zielen der Scientology Kirche nicht mehr übereinstimme und nicht glaube, daß ihre Seelsorge eine Hilfe sein kann. Die vereinsinternen Richtlinien über Rückerstattung von Spendenbeiträgen sind mir bekannt.

Ich beantrage hiermit die Rückerstattung meiner Spendenbeiträge in der Höhe von DM ... und erkläre, daß ich keinerlei Ansprüche gegen die Scientology Kirche .., ihre Mitglieder sowie gegen dritte Personen aus einem Mitgliedschaftsverhältnis, dessen Beendigung und aus Vorfällen während der Mitgliedschaft oder aus sonstigem Rechtsgrund habe oder geltend machen werde. Sämtliche etwaige Ansprüche sind mit Zahlungen o.g. Betrages abgegolten.

Ich verstehe völlig, daß ich zukünftig keine geistliche Beratung oder Ausbildung von irgendeiner Scientology Kirche oder Mission erhalten kann und daß dieses Dokument eine formale Bestätigung meines Ausschlusses aus der Scientology Kirche darstellt, womit all meine besonderen Rechte als Mitglied der Scientology Kirche gemäß der Kirchenverfassung aufgehoben sind.

Ich bin mir weiterhin bewußt, daß dieser Ausschluß die Möglichkeit einer zukünftigen Mitgliedschaft nicht ausschließt, aber mit einem Akt der Reue eingeleitet werden muß.
Unterschrift ...
Zeuge ...
Ort, Datum ..."[49]

„Der Ex-Student sollte erkennen, daß ihn dies zum ‚Freiwild' (Fair-Game) macht und außerhalb unserer Rechtskodizes stellt. Er hat keinerlei Berufungsrecht irgendeiner Art aus Rückerstattung ... und nach dem Unterzeichnen kann er nur gemäß den Policies über Fair Game zur Scientology zurückkehren."[50]

Anmerkungen

[1] L. Ron Hubbard, Einführung in die Ethik der Scientology, Kopenhagen 1989, 17 (weiter zitiert als „Ethik").
[2] Ethik, 180
[3] Ethik, 153
[4] L. Ron Hubbard, Das Handbuch für den Ehrenamtlichen Geistlichen, Kopenhagen 1983, 393 (weiter zitiert als „Handbuch")
[5] Ethik, 179
[6] HCO Policy Letter 18. 10. 1966
[7] HCO Policy Letter 21. 10. 1968
[8] Ethik, 116
[9] Ethik, 117

[10] Ethik, 118
[11] Ebda.
[12] Ethik, 127
[13] Ethik, 128
[14] Handbuch, 179
[15] Handbuch, 190
[16] Handbuch, 192
[17] Handbuch, 293
[18] Ethik, 129
[19] Ethik, 148
[20] Ethik, 236
[21] Ethik, 270f
[22] Ethik, 129
[23] Ethik, 130
[24] Ethik, 131
[25] Handbuch, 332
[26] HCO Policy Letter 9.2.1971, Copyright 1983 erneuert
[27] Ethik, 132
[28] Ethik, 133
[29] Ebda.
[30] Handbuch, 333
[31] Ethik, 145
[32] HCO Policy Letter 23.12.1965
[33] HCO Policy Letter 5.4.1965
[34] Ethik, 229
[35] Ethik, 184
[36] Ethik, 158
[37] Ethik, 159
[38] Ethik, 161
[39] Ethik, 200
[40] Ethik, 201–206
[41] Ethik, 221
[42] Ethik, 206
[43] Aktion Bildungsinformation, Eidesstattliche Versicherungen, Stuttgart 1980, 85.
[44] Handbuch, 687.
[45] Handbuch, LXVIII
[46] Handbuch, 565
[47] HCO Policy Letter 21.11.1972, Ausgabe I.
[48] Ebda.
[49] Erklärung, die nach Austritt und Rückforderung in Deutschland versandt wird.
[50] HCO Policy Letter 5.4.1965

Auf leisen Sohlen – die ökonomische Dimension von Scientology

von Horand Knaup

Es war eine jener Veranstaltungen, wie sie häufig sind. Und überall vorkommen können. Ein „Gedächtnistrainer" hatte in einem internen Mitteilungsblatt des öffentlichen Dienstes Seminare angeboten – und ein gutes Dutzend Angestellte und Beamte angesprochen. „Wege zum besseren Gedächtnis" wollte er aufzeigen und dabei insbesondere bessere Merktechniken vermitteln. Und viele kamen voller Erwartungen – Justiz- und Finanzbeamte, Verwaltungs- und Vollzugsangestellte, der Personalchef ebenso wie die Kollegin vom Liegenschaftsamt. Denn wen hatte nicht schon einmal sein Gedächtnis im Stich gelassen?

Der „Gedächtnistrainer" legte los, präsentierte sein Konzept und teilte Unterlagen aus. Und die Seminarteilnehmer lauschten interessiert, denn es war in der Tat spannend, was der Referent vorzutragen hatte. Lediglich einem einzigen fiel es auf. Zufällig. In dem Informationsmaterial, das zur Einsicht auslag, tauchte ausdrücklich der Verweis auf L. Ron Hubbard auf. Darauf angesprochen, räumte der „Gedächtnistrainer" schließlich in kleinem Kreis ein, selbst schon an Auditing-Sitzungen teilgenommen zu haben. Später dann, gegenüber einem Journalisten, ging er mit Nachdruck wieder auf Distanz. Ja, Scientology sei ihm bekannt, aber vor Jahren schon habe er die Vereinigung verlassen und im übrigen: „Die haben ja ein miserables Image."

Ein bescheidenes Beispiel aus der süddeutschen Provinz – und doch symptomatisch für die Strategie, mit der Scientology seit Jahren zu expandieren sucht: heimlich, still und leise. Betroffen sind private Unternehmen ebenso wie der öffentliche Dienst, Industrie- und Handelskammern ebenso wie Medieneinrichtungen. Es ist ein Feldzug mit Erfolg: Schon vor Jahren gelangte die Münchener Staatsanwaltschaft nach ausgiebigen Recherchen zu dem eindeutigen Befund: „Die Scientology-Sekte ist ein riesiger multinationaler Wirtschaftskonzern."[1] Ein Multi, der nicht nur selbst Milliarden bewegt, sondern insbesondere im Bereich kleiner und mittelständischer (zumeist ertragsstarker) Unternehmen mittlerweile Fuß gefaßt hat. Nach Scientology-Angaben arbeiten weltweit 18000 Unternehmen nach Hubbards Kriterien. Wieviele es in Deutschland sind, ist unbekannt.

Selbst Fachleute wie Helga Lerchenmüller von der Stuttgarter Aktion Bildungsinformation (ABI) oder Ralf-Dietmar Mucha von der Düsseldorfer „Aktion Psychokultgefahren" können nur mit recht vagen Angaben aufwarten. Helga Lerchenmüller, die seit Anfang der 80er Jahre die Versuche der „Kirche" kritisch beobachtet, im ökonomischen Bereich Fuß zu fassen: „Wir kennen nur die Spitze des Eisbergs. Es gibt niemanden, der auch nur einigermaßen einen Überblick über das ganze Ausmaß der Vernetzung hat." Darüber hinaus freilich ist unbekannt, wieviele Firmen und Unternehmungen die Organisation in ihr Netz eingespannt hat. Ralf-Dietmar Mucha beziffert die Zahl der Betriebe im alten Bundesgebiet, die von Scientologen geführt werden, auf „100 bis 150".[2]

Als besonders anfällig für die Unterwanderung durch Scientology haben sich mittelständische Unternehmen erwiesen. Mucha: „Die Versprechungen der Scientology-Organisation für Mittelständler sind ungeheuer stark. Man versucht deutlich zu machen, daß die Programme, die Scientology anzubieten hat, dem Mittelständler einen ungeheuren Erfolg geben werden – wenn er sie praktiziert."[3] Ein Großteil der Spendengelder, so wußte der Südwestfunk, stammt aus mittelständischen Unternehmen. „In Einzelfällen spenden Firmen", so kolportierte der Sender, „fünf bis sechs Millionen Mark im Jahr".[4]

Nicht wenige von ihnen sind Mitglied bei Wise, dem „World Institute of Scientology Enterprises". Auch Wise ist Bestandteil des gewaltigen Scientology-Imperiums und spielt darin eine durchaus gewichtige Rolle. Zum Ziel hat sich Wise gesetzt, all jene Geschäfts- und Berufszweige enger miteinander zu verzahnen, „die die Technologie von L. Ron Hubbard für administrative und geschäftliche Verbesserungszwecke brauchen". Welche Ziele Wise verfolgt, wie expansiv und aggressiv die Stoßrichtung ist, geht unverhohlen aus der „Wise Führungsrichtlinie 1" hervor: „LRH (Anm. d. Vf.: L. Ron Hubbards) administrative Technologie in jedem Geschäft der Welt in vollen Gebrauch zu bringen."[5] Immer eingedenk des Hubbard-Auftrags: „Erobern Sie, egal wie, die Schlüsselpositionen. Die Position ... als Personalchef einer Firma ... als Sekretärin des Direktors ... Der Direktor einer Gesellschaft, der kein Scientology-Zertifikat besitzt, wird eines Tages scheitern ... Die Fabriken, die Zentren des Handels, die Gemeinden, das sind Orte, wo wir ausgebildete Scientologen haben wollen."[6]

Auch Wise ist auf dem Vormarsch. In Deutschland gehören dem Zirkel nachweisbar mindestens 75 Unternehmen an, Unternehmensberater ebenso wie Rechtsanwälte, Immobilienhändler oder auch Handwerker.[7] Weltweit sollen es bereits Tausende von Mitgliedern sein, mit denen sich Wise „einen immer größer werdenden Einfluß auf die Gesellschaft" zu schaffen versucht. „Die Gesamtzahl der Unternehmen, die allein im vergangenen Jahr LRHs Managementtraining erhielten, übersteigt die Zahl von 75000 ...[8]

Mittlerweile haben sich auch räumliche Zentren der Scientology-Infiltration herausgebildet: Hamburg, Stuttgart, München in Deutschland, Zürich und Basel in der Schweiz, Wien in Österreich. Erkenntnis von Helga Lerchenmüller: „Es gibt keinen Überblick, aber die räumlichen Schwerpunkte sind da, wo das Geld ist." Eine These, die sich belegen läßt: „In Baden-Württemberg haben wir so viele Stützpunkte wie sonst nirgends in Deutschland. Wir kennen 30 bis 40 Firmen, von denen wir wissen, daß Scientologen in Führungspositionen sitzen. Im Saarland hingegen ist bisher überhaupt nichts bekannt." Auch die Schweiz ist ein reiches Land. Dort hat sich Scientology ebenfalls fest etabliert. Über 200 Firmen, so behauptet der Schweizer Scientology-Sprecher Jürg Stettler, wurden bereits 1991 nach scientologischen Prinzipien geführt.[9] Auch in Österreich ist die Expansion in vollem Gang.

Es ist eine Expansion, die Scientology-Gründer Hubbard in vielfältiger Hinsicht vorgegeben hat. Zum Beispiel in Form der Gung-Ho-Gruppen, worunter er eine Gruppe verstand, „die sich aus ortsansässigen Scientologen im Feld, jeglichen interessierten Freunden und Mitgliedern der allgemeinen Öffentlichkeit zusammensetzt. ‚Gung-Ho' bedeutet in Mandarin (Hauptdialekt der chinesischen Sprache) ‚zusammenziehen'. Gung-Ho-Gruppen ziehen andere Gruppen in der Gemeinde zusammen, um auf die Verbesserung der Gesellschaft und des betreffenden Gebietes hinzuarbeiten."[10] Zu Gung-Ho-Aktivitäten rechnet Hubbard nicht zuletzt das Engagement von Künstlern.[11] „Die Gung-Ho-Gruppe ist eine von LRH eingerichtete Art von Gruppe, die Mitglieder dazu bringt, die Scientology zum Aufbau einer neuen Zivilisation aktiv einzusetzen. Gung-Ho-Gruppen gehen aktiv in ihre Gemeinden und bewirken durch die Anwendung von LRHs Tech unmittelbare Verbesserungen in der Gesellschaft ..."[12]

Die Absahner

Mit Macht und auf allen möglichen Wegen sucht die selbsternannte Kirche also nach Einstiegsmöglichkeiten in die Gesellschaft – nicht zuletzt in die Wirtschaft. Derweil hält sie ihre eigenen Zahlen sorgfältig unter Verschluß, hütet sich – und das bisher mit Erfolg – vor allzuviel Publizität. Die Umsatzzahlen für Deutschland, sie beruhen durchweg auf Schätzungen, schwanken zwischen 150 Millionen und einer Milliarde Mark jährlich. Ein Betrag, der sich aus Kursgebühren, Buchverkäufen, aus Mitgliedsbeiträgen und Spenden summiert. „Mindestens 10000 Mark", glaubt Helga Lerchmüller, „gibt ein Scientologe im Durchschnitt pro Jahr aus."

Wieviel an Erträgen vom Umsatz genau hängenbleibt, welches Vermögen Scientology Deutschland angehäuft hat, weiß exakt niemand. Sicher ist nur, daß die Organisation einen Teil des in Deutschland erwirtschafteten Geldes in Immobilien und in die Werbung neuer Mitglieder investiert. Der Rest, Beträge vermutlich in beträchtlicher Höhe, fließt ins Ausland. Helga Lerchenmüller, die vor einiger Zeit einmal detailliert dem Geldfluß nachzuspüren suchte, stieß bei ihren Nachforschungen auf ein abgeräumtes Konto bei einer Bank in Stuttgart. Die Aktion Bildungsinformation ließ das Konto pfänden – doch „da war nichts drauf". [13] Statt dessen wies ein Scheck den Weg zu einer Bank in Luxemburg. Auch in München, wo Gerichtsvollzieher bei der „Scientology Nymphenburg Mission e. V." Geld einzutreiben suchten, blieb es bei der Absicht. Ehemalige Mitglieder hatten einen rechtskräftigen Vollstreckungstitel über 46 000 Mark erstritten. Zu pfänden gab es indessen nichts, die Konten waren leer, die Organisation hoch verschuldet. [14]

Andere, wie Renate Hartwig von der Selbsthilfeorganisation „Robin Direkt", berufen sich auf ausgeschiedene Mitarbeiter und wissen von Geld-Transfers in größeren Beträgen nach Kopenhagen und von dort weiter in die USA. [15] Dort scheint das Scientology-Finanzzentrum angesiedelt zu sein. Das US-Nachrichtenmagazin „Time" berichtete 1991 von dem Scientology-Ableger „Kirche der spirituellen Technologie", die allein im Jahr 1987 503 Millionen Dollar eingenommen haben soll. Etwa 400 Millionen Dollar seien auf Konten in Liechtenstein, der Schweiz und Zypern transferiert worden. [16]

Mit allerhand Geschick vermochte die Organisation offensichtlich ihre Vermögensverhältnisse bisher zu verschleiern. Beobachtung der Juristin Helga Lerchenmüller: „Es wird vernebelt nach Strich und Faden." Die Scientology-Kennerin weist aber noch auf eine weitere Entwicklung hin: „Da wird eine gewaltige Finanzkraft abgeschöpft, transferiert und nie mehr hier reinvestiert."

Immer wieder sind es die gleichen Branchen, die sich als besonders anfällig für die Verheißungen von Scientology erweisen: Immobilienhändler, Bauunternehmer, Unternehmensberater, PR-Agenten, Computerspezialisten, häufig Jungunternehmer – Berufe jedenfalls, in denen es stark auf Selbstdarstellung ankommt zum einen, Branchen zum anderen, die besonders renditeträchtig sind. Wobei es nur selten offen zugeht – Vertuschung scheint die Devise. Denn auf den ersten Blick sind Scientologen ganz normale Geschäftsleute in einer ganz normalen Geschäftswelt. Insbesondere die Unternehmensberater, Kommunikationsspezialisten und Gedächtnistrainer verbergen ihr an Hubbard orientiertes Quellenmaterial meist sorgfältig in ihren Unterlagen.

Nichts vertuscht wird bei Prominenten, die sich zu Scientology bekennen. Die Sängerin Julia Migenes etwa, der Jazz-Pianist Chick Corea, der Musiker Cyprien Katsaris oder auch die Schauspieler John Travolta und Tom Cruise haben ihre Vorliebe für Scientology erklärt. Während sich deutsche Prominenz – zumindest in der Öffentlichkeit – in Zurückhaltung übt, schwört in Österreich die Opernsängerin Sigrun Quetes (OT 8) auf Hubbard: „Es ist mir ein großes Anliegen, daß die fähigen Leute in unserer Gesellschaft über effektive Verbesserungshilfen informiert werden.“[17] Auch der Maler Gottfried Helnwein steht zu seinem Glauben, will jedoch nicht „mit den österreichischen Scientologen in einen Topf geworfen werden“.[18] Zum „Aushängeschild“ für Scientology mag er sich nicht machen lassen, wenngleich er in Hochglanzbroschüren (zusammen mit Julia Migenes und Chick Corea) dann doch für Hubbard wirbt.[19]

Auch auf anderen Wegen sucht Scientology zu expandieren. Bevorzugtes Medium derzeit: private Radiostationen. Über konkrete Hinweise verfügt die Evangelische Zentralstelle für Weltanschauungsfragen in Stuttgart. Demnach wurden zahlreichen deutschen Privatsendern – von der Bad Säckinger „Antenne 3“ bis zum „Hellwig Radio“ in Soest – kostenlose

Cassetten mit einem Hörspiel angeboten, das für Scientology wirbt.[20] In einem süddeutschen Privatsender durfte sich die „Kirche" zwei Stunden lang ausgiebig präsentieren. Andere Stationen veranstalteten Wettbewerbe. Als Gewinne wurden den Hörern unter anderem Hubbards „Dianetik"-Bücher zuteil.

Die Strategien der Expansion sind äußerst vielfältig. „Teilweise geht Scientology", so hat Helga Lerchenmüller beobachtet, „ganz gezielt gegen eine Person auf der Führungsebene vor", bemüht, das Opfer in seinen Bann zu ziehen. Ein Vorgehen, das bereits Hubbard ihren Jüngern anempfohlen hatte: „Suche dir ein Geschäft aus, welches bereits sehr gut arbeitet, wende dich an den höchsten Direktor und verbreite Scientology."[21]

Generell richtet sich die Aufmerksamkeit von Scientologen freilich weniger auf Einzelpersonen als vielmehr auf Multiplikatoren und „opinion leaders". Forderte die selbsternannte Kirche einst Ärzte und Heilpraktiker auf, den „Dianetik"-Band in den Wartezimmern auszulegen, so werden heute Polizeidienststellen, kirchliche Stellen, Gymnasien, Journalisten und Politiker mit Materialien eingedeckt.[22] Gleichzeitig arbeiten Scientologen mit erheblichem Einfluß mitunter lange erfolgreich und unerkannt. Wie zum Beispiel eine Hamburger Spitzen-Scientologin, die in der Handwerkskammer der Hansestadt als Leiterin der Akademie des Handwerks jahrelang Meister sowohl in Betriebswirtschaft als auch in Menschenführung fortbildete. Als sich die Klagen über die Werbebemühungen der „OT 8"-Scientologin häuften, bekam sie als Leiterin der Zukunftswerkstatt die Verantwortung fürs Langfristige und Strategische übertragen. Erst als ihre Isolation offensichtlich wurde, kündigte sie ihren Arbeitsvertrag auf.[23]

Dutzende von scientology-nahen Kommunikationstrainern, Persönlichkeitstestern und Unternehmensberatern tummeln sich in der Bundesrepublik, aber auch in Österreich und der Schweiz. Sie bemühen sich, als harmlose, hilfsbeflissene Dienstleister getarnt, die Türen zu den Chefetagen aufzustoßen. Ihr brisantes Gedankengut schleusen sie nicht zuletzt über Literatur in die Führungsetagen ein. Wie etwa der Autor Horst Mehler, der seine Botschaften über längere Zeit unerkannt über renommierte Wirtschaftsverlage unter das arglose Manager-Volk brachte.

Daß gerade Führungskader der Wirtschaft aufgeschlossen sind für solche Verlockungen, ist leicht nachvollziehbar. Zum einen sind die Kommunikationskurse, die Scientologen Neueinsteigern ans Herz legt, „sehr effizient“, wie selbst ausgestiegene Mitglieder einräumen. Zum andern geht der berufliche Aufstieg für viele Manager nur allzu häufig mit dem Verlust privater Bindungen einher. Gerade deshalb gelten Führungskräfte als besonders anfällig für die raffinierte Mixtur psychologischer Versatzstücke.

Außerdem ist es für Scientologen keineswegs erstrebenswert, mit den Normen der Leistungsgesellschaft zu brechen. „Im Gegenteil“, konstatiert der Aussteiger Norbert Potthoff aus Krefeld, der einst als Führungskraft der Scientology-Dependance Düsseldorf treue Dienste tat, „den Leuten wird versprochen, sie würden die Normen noch viel besser erfüllen.“ [24] Nicht Aussteiger sind bei Scientology willkommen, nicht die Verlierer und Versager, und auch nicht jene, die aus einer von Tempo, Leistungszwang und Erfolgsstreben geprägten Welt entkommen wollen. Nein, mit Sätzen wie „wir entwickeln die Leute aufwärts“ [25] lockt Scientology solche, die sich aufmunitionieren wollen für den täglichen Wettbewerb, die im unablässigen Konkurrenzkampf vorneweg schwimmen und das persönliche Leistungsvermögen weiter steigern wollen.

Gefragt bei Scientology sind Charaktere, die sich durchsetzen, die dominieren, die erfolgreich sind. Immer getreu der

Devise des Gründers: „Es ist ein hartes Universum ... Nur die Tiger überleben."[26] Hat sich ein Unternehmen erst einmal in die Obhut eines scientologisch orientierten Beraters begeben, können davon über kurz oder lang praktisch alle Mitarbeiter betroffen sein. So manche Firma, deren Chefetage auf Scientology-Linie eingeschwenkt ist, schickt ihre Mitarbeiter unter dem Deckmäntelchen einer innerbetrieblichen Ausbildung zu Kursen, die sich an der Scientology-Ideologie orientieren. Häufig erkennen die Angestellten erst nach einiger Zeit, woher der Wind weht.

Bekannt für ihre scientologische Vorliebe waren etwa der Schweizer Immobilienhändler Bretislav Mrkos, der seinen Geschäften im Großraum Basel nachging und die täglichen Arbeitspläne seines Unternehmens „Prim" in einem „battle plan" abfaßte, oder auch der Besitzer der Damenmoden-Kette Vanessa-Textilhandel GmbH in Bracht bei Mönchengladbach, deren Fall durch die Medien ging. „Prim"-Inhaber Bretislav Mrkos, als „Operierender Thetan" weit gekommen auf dem Weg zur „Totalen Freiheit" und mit Frau und Tochter als überaus eifriger Spender für die „Kriegskasse" („war chest") der Scientologen bekannt, suchte seine Mitarbeiterin mit Nachdruck die Lehren Hubbards nahezubringen. „Wir erwarten von ihnen, daß Sie nach Bedarf bereit sind, Studiertechnik und Management-Daten von Hubbard zu studieren und anzuwenden", hieß es in internen Anweisungen an „alle Mitarbeiter".[27]

Und wenn sie nicht spurten, flogen sie raus. Wie jener Bauführer, dem nach nur fünf Monaten gekündigt wurde: „Ich hatte mich geweigert, einen Kommunikationskurs am deutschen Tegernsee zu besuchen. Denn mit solchen Kursen sollen Prim-Mitarbeiter für die Scientology-Sekte gewonnen werden."[28] Eine ehemalige Angestellte offenbarte dem Journalisten Peter Basler, der sich intensiv mit dem Fall „Prim" befaßte: „Die machen dich fertig, bis du am Boden zerstört bist."[29] Inzwischen ist Mrkos selbst am Boden. Im Gefolge der Schweizer Immobilienkrise geriet seine Firma in Zahlungsschwierigkeiten, Mrkos mußte Konkurs anmelden.

Auch bei dem Textil-Vertreiber Vanessa schlug das Betriebsklima schlagartig um, als der Geschäftsführer Kontakt zu Scientologen aufnahm, Kurse in Deutschland absolvierte und ins US-amerikanische „Flag", ins Scientology-Heiligtum nach Florida reiste. Verkäuferinnen wurden in verhörartigen Gesprächen gedrängt, Kurse zu besuchen und aufgefordert, täglich detailliert ihre Arbeitsabläufe zu protokollieren. „Wir haben dich lieber tot als unfähig", ließ der Chef in wörtlicher Anlehnung an ein Hubbard-Zitat seine Mitarbeiter in einem internen Rundschreiben wissen.[30] Eine Angestellte, die sich weigerte, „Anweisungen auszuführen", hatte eine „unethische Handlung begangen". Der „Ethik-Zettel", der ihr daraufhin zuteil wurde, war „einer Abmahnung gleichzusetzen", was bedeutete, daß bei der nächsten Weigerung „mit dem Verlust des Arbeitsplatzes zu rechnen" sei. Signiert hatte das Schreiben der Personalchef – er fungierte zugleich als Leiter der betriebseigenen „Ethik-Abteilung".[31]

Und die „Ethik" Hubbards hält manches parat, was eher an rigiden Manchester-Kapitalismus denn an die soziale Verantwortung eines Unternehmers erinnert. Denn nicht nur die Unternehmensspitze soll vereinnahmt werden, die aggressiven Vorgaben sind umfassender: „Lokalisiere SP's (suppressive persons, unterdrückerische Personen) und wirf sie hinaus."[32] Nach der Begegnung mit einer Vielzahl von direkt Betroffenen hat Hubbards Ethik-Formel für die Sekten-Spezialistin Lerchenmüller einen besonderen Beigeschmack: „Ethik ist für die nichts anderes als ein Deckmantel für übelste Geschäftsmethoden."

Das Prinzip ist einfach und unerbittlich: Alle, die sich dem System nicht anpassen, haben hier keinen Platz. Und für die, die bleiben, drehen sich Gehirnwäsche und Mühlsteine weiter. Hubbard: „Auditiere die leitenden Angestellten und zeige ihnen, um was es sich handelt, das wird dann den Zyklus in Gang setzen ... die leitenden Angestellten werden die Jungmanager und das andere Personal dazu drängen, Auditing zu nehmen."[33]

So rüde der Umgang mit den eigenen Mitarbeitern, so rücksichtslos gehen Scientologen auch mit anderen vor, wenn es ums eigene Geschäft geht. Bewährte Strategie des in Hamburg ansässigen Immobilien-Händlers Götz Brase, eines bundesweit bekannten Scientologen: Er und seine Firma Geva (Gesellschaft zur Erhaltung von Altbauten) erwarben Mietshäuser, wandelten sie in Eigentumswohnungen um und verkauften sie mit Gewinn weiter. Den Bewohnern flatterten die Kündigungen ins Haus, auszugsunwillige Mieter wurden mit subtilem Druck bearbeitet, bis hin zu konkreten Drohungen mit Anwälten und Kostenbelastungen. Ergänzt wurden die Pressionen durch ständige Besuche und Anfragen, in der Mittagszeit, spätabends und nachts, und durch ganze Trupps von Kaufinteressenten, die bei Besichtigungen durch die Wohnungen eilten.[34]

Eine bekannte Vorliebe für Hubbard und Scientology hegt auch ein gutes halbes Dutzend großer Maklerfirmen im Großraum Stuttgart. Eine Liaison, die im Frühjahr 1992 zwischen einer der größten Firmen (mit knapp 90 Mitarbeitern und diversen Niederlassungen) und dem Landesverband des Rings deutscher Makler (RDM) zu heftigen Verwerfungen geführt hat. Nachdem der RDM-Pressesprecher Egon Witzel in einem Fernsehinterview den Verdacht geäußert hatte, Scientologen seien bestrebt, „unseren Verband in den Griff zu bekommen", ging die Mitgliedsfirma ihrerseits in die Offensive: „Der Bezirksverband betreibt klare Geschäftsschädigung", klagte sie. Dennoch ist sich die RDM-Spitze offenbar einig in ihren Bemühungen, die mit dem Scientology-Makel behafteten Mitglieder aus dem Verband „hinauszuschmeißen".[35]

Helga Lerchenmüller über die Methoden, derer sich so mancher scientology-nahe Makler bedient: „Mir scheinen die Sitten noch rauher zu werden. Der Druck auf die Leute, Geld heranzuschaffen, scheint viel größer als zu Hubbards Zeiten." Interessen von Arbeitnehmern oder gar Gewerkschaften haben in dem strikt hierarchischen Konzept von Scientology offensichtlich keinen Platz. Auf den Punkt brachte es die

Geschäftsführerin des Düsseldorfer „Celebrity Centers", Adelheid Rech-Gesche, in einem Vortrag zum alle bedrängenden Thema: „Wie steigert man sein Gesamteinkommen?" „Mit ihrer Forderung nach Arbeitszeitverkürzung", so dozierte die Geschäftsführerin, „verderben Gewerkschaften die Leute, machen sie unzufrieden." Nur wer „höflich und prompt" immer ein bißchen mehr leistet als erwartet, werde reich und glücklich. [36]

Auch in Österreich haben die Scientologen im Wirtschaftsbereich längst mobil gemacht. In den gleichen Branchen wie in Deutschland und der Schweiz. Zum Beispiel das Beratungsunternehmen Spohn & Partner. Fritz Spohn, 1985 Gründer des Unternehmens, ist heute Geschäftsführer der Pyramid Music Tonstudio GmbH und anderer Gesellschaften der Pyramid Gruppe. [37] Derweil scheinen in Wien die Behörden noch arglos. In mindestens einem Fall ist es Pyramid gelungen, sich die Unterstützung des Bundesministeriums für öffentliche Wirtschaft und Verkehr, des Automobilclubs ÖAMTC sowie des Kuratoriums für Verkehrssicherheit zu sichern. [38]

Die Foto- und Elektronikkette Fotronic versucht vom Burgenland aus, in der ČSFR Fuß zu fassen. Auch bei Fotronic macht der Firmengründer aus seiner Begeisterung für Hubbard und dessen Philosophie keinen Hehl: „Wir versuchen unser Wissen zu erweitern, Verantwortung zu übernehmen und Kontrolle auszuüben. Mit diesen drei geistigen Werkzeugen kann jeder Mensch Erfolg haben. Er muß dies nur anwenden." [39]

Möglicherweise recht effektive Unterstützung erfährt die Organisation in Deutschland von einer ganzen Reihe scheinbar harmloser Verbände – „wirtschaftlicher Kampforganisationen", wie sie Helga Lerchenmüller nennt. In der Regel sind es harmlos anmutende Gruppierungen und Zirkel, die als „Koordinations- und Kontaktstellen" (Lerchenmüller) bei der Expansion von Scientology nützliche Dienste leisten.

Da gibt es in verschiedenen deutschen Städten den „Verband engagierter Zahnärzte", der die Angst vorm Bohren nehmen soll, oder den „Verband engagierter Manager", dessen satzungsmäßig verankertes Ziel darin besteht, „die Fähigen fähiger zu machen". In Rundschreiben und im Rahmen von Vortragsveranstaltungen (Themen-Beispiel: „Wie kann ich in einem schrumpfenden Markt expandieren?") hat sich der Verein zum Ziel gesetzt, die Management-Techniken Hubbards weiterzuverbreiten. Erfolge, so verheißen die getarnten „Manager", seien bei exakter Ausführung der Anweisungen „zwangsläufig".[40]

Ebenfalls in verschiedenen deutschen Städten aktiv ist der „Verband verantwortungsbewußter Geschäftsleute". Die Dependance in Neu-Ulm suchte nach der Barschel-Affäre hochrangige Politiker zu gewinnen, wies dabei auf „Wert und Sinn moralischen Handelns" hin und machte sich mit Hilfe eines Gewinnspiels („Der Weg zum Glücklichsein") auch an Kinder und Jugendliche heran.[41]

In Stuttgart hob 1989 ein exklusives „OT-Komitee Stuttgart" einen eigenen Zirkel aus der Taufe, dessen Gründungsrat sich wie ein „Who's who" lokaler Wirtschaftsgrößen liest. Unterstützung wird dem Club seit Juli 1990 von einer „Expansionsgruppe" zuteil, die sich im Rahmen eines „Thetavollen Sommernachtsfestes"gründete. Sie setzte sich zum Ziel, „20 Missionen und ein Celebrity-Center (eine Organisation für bedeutende Personen des täglichen Lebens, Künstler, VIPs usw.) zu gründen und zum festen Bestandteil unserer Gesellschaft zu machen".[42] Mit von der Partie auch hier wieder: vor allem Manager, Immobilienhändler, Unternehmensberater und Consulting-Berater aus dem Großraum Stuttgart.

Überaus scientologisch geht es auch auf Schloß Philippseich bei Frankfurt zu, wo der Unternehmensberater Reinhold Stricker teils einschlägigen, teils ahnungslosen Kunden „Top Führungsseminare" für Manager offeriert. Stricker fungiert mit seinem „CCI Institut-Admin Tech Division" auch als regionaler Wise-Vorsitzender.[43]

Vergleichsweise offen arbeiten die scientology-eigenen Unternehmen. „Golden Era Production" etwa erzeugt Dianetic- und Scientology-Filme für eine breitere Öffentlichkeit (z.B. „Kampf um die Erde"). Das Unternehmen „New Era" vertreibt

Musik-Cassetten, auf denen Hubbard philosophiert: „Du bist nicht Mind und nicht Chemie, hast nicht mal eine Form, in dummen Lügen steckst du drin, mußt neu geboren sein."[44] Streng auf Scientology getrimmt ist auch die Hamburger Folk- und Weltmusikfirma „ARC Music Vertriebs GmbH". Woher der Wind weht, ist schon den Briefbögen zu entnehmen: „Unser Ziel – Eine Kunstszene auf einem hohen ethischen und ästhetischen Niveau ohne Abwertung, Drogen oder Korruption."[45]

Im Verlagsbereich mischen seit einiger Zeit die in Dreieich ansässigen „New Era Publications" kräftig mit. Obschon Buchhändler von einer „kaum spürbaren Nachfrage"[46] nach New-Era-Titeln sprechen, kurbelte der Verlag den Titel „Dianetik – Der Leitfaden für den menschlichen Verstand" mit Hunderttausenden von Mark an. Und die Zielvorgabe scheint, ehrgeizig genug, bereits formuliert: Die Kirche will „auf einen Anteil von fünf Prozent des Weltmarktes an verkauften Büchern hinarbeiten, und dann mindestens auf zehn Prozent und darüber".[47]

Selbst wer sich von Scientologen in seinem Unternehmen getrennt hat, kann keineswegs sicher sein. Schlechte Erfahrungen machte jedenfalls der südbadische Stahlbauunternehmer Manfred Greschbach, der von dem Scientologen Gerhard Haag, einem der führenden Köpfe der Organisation in Deutschland, die Firma Stahlbautechnik Neckar im schwäbischen Altbach übernahm. Haag sollte zunächst Teilhaber des Unternehmens bleiben. Bis Greschbach von den Praktiken der Organisation erfuhr und sich von Haag trennte.

Kurz darauf wunderte er sich: Einige seiner Mitarbeiter wurden mit nächtlichen Telefonanrufen oder Verfolgungsfahrten einem regelrechten Psychoterror unterzogen. Frühere gute Kunden zogen sich zunehmend zurück, und reihenweise gingen teilweise schon sichere Aufträge verloren. Greschbach fand schließlich den Grund für die Zurückhaltung seiner Geschäftspartner: Bei zahlreichen Unternehmen, bei Gewerkschaften, Justizbehörden, selbst bei Landesregierungen und in Bonner Ministerien war ein Fax aufgetaucht, das eine Gesprächsvereinbarung zwischen Greschbach und Haag zum Inhalt hatte – Greschbach also ganz gezielt in die Nähe von Scientology rückte. Die Verleumdung hätte beinahe zum Erfolg geführt. Greschbachs Unternehmen stand kurz vor dem Ruin. Nachdem er die Quelle für die Negativ-Kampagne ausmachen konnte, ging es mit der Firma wieder aufwärts.

Die „Kriegskasse"

Ob Götz Brase, Bretislav Mrkos, Gerhard Haag oder so manches Mitglied der Stuttgarter „Expansionsgruppe": Wirtschaftlich erfolgreiche Scientologen tauchen regelmäßig auf der exklusiven „Patron"- Spenderliste der Sekte auf. Wer 40 000 Dollar für die Kriegskasse gespendet hat, darf sich der exquisiten Gilde der „Patrons" zugehörig fühlen. Ihre Zahl ist weltweit inzwischen auf weit über 700 angewachsen. Betuchte Kandidaten wie der Basler Immobilienhändler Mrkos zusammen mit Frau und Tochter, kommen dabei auf gut eine Million Mark. Wohlgemerkt, nur an Spendengeldern. 70 Millionen Mark sollen mittlerweile allein in der Deuschen „Kriegskasse" ruhen.[48] Womit die Deutschen nach den Amerikanern zwar als die fleißigsten Spender gelten, bezogen auf die Einwohnerzahl von den Schweizern jedoch bei weitem übertroffen werden.[49]

Als überaus nützliches Instrument bei der Anwerbung neuer Klienten hat sich eine Mitte der 80er Jahre in der Schweiz gegründete Tochter des „World Institute of Scientology Enterprises" entpuppt: „U-Man International" (sprich: „human"), eine Unternehmensberatungsfirma der besonderen Art. Die simple Strategie der Scientologen von U-Man, die europaweit bereits über 20 Filialen betreiben: Sie blättern Stellenanzeigen in Zeitungen durch und nehmen Kontakt zu den Auftraggebern auf. Zielgruppe auch von U-Man sind in der Regel kleine und mittlere Unternehmen, die sich keine umfangreichen Personalabteilungen leisten können.

Statt dessen bietet nun U-Man Beistand für die Fahndung nach neuen Mitarbeitern an – mit Hilfe eines Fragebogens. Der Kunde kauft eine beliebige Anzahl von Tests, läßt die Fragen von potentiellen Stellenbewerbern ausfüllen, während U-Man die Auswertung der Computer-Tests übernimmt. Was für die scientology-gläubigen Mitarbeiter der Personalberater kein größeres Problem darstellt, denn der U-Man-„Oxford Capacity Analysis Test" ist nahezu identisch mit jenem 200-Punkte-Fragebogen, den Scientology-Werber täglich in allen größeren Fußgängerzonen zwischen Kiel und Konstanz und Bern und Bozen anbieten – dort allerdings kostenlos.[50]

Während den Klienten beim Straßentest in aller Regel psychische Defekte und größere persönliche Schwierigkeiten bis hin zum alsbaldigen „Ruin" attestiert werden, offeriert U-Man eine Skala mit 27 Abstufungen, inwieweit und ob überhaupt dem Auftraggeber die Anstellung eines Bewerbers zu empfehlen ist. In Kurven faßt U-Man ab, ob ein Bewerber kommunikativ und verantwortungsbewußt, ob er initiativ und lebensfroh oder gehemmt, vielleicht auch desorientiert oder nervös ist, oder ob gar ein notorischer Nörgler zu erwarten ist. Für den Freiburger Kommunikationsexperten und Psychologen Michael Ziegelmayer eine äußerst fragwürdige Bewertung: „Der Test genügt wissenschaftlichen Erkenntnissen auf gar keinen Fall. So was verbietet sich bei der Personalauswahl."[51]

Bei mehr als 150000 Stellensuchenden in mehreren Ländern Europas kamen die U-Man-Tester bisher zum Zuge, „präzise und verläßlich" – behaupten jedenfalls die Stellenvermittler selbst. In der Schweiz gelang es den U-Man-Leuten, auch einige potente Kunden an Land zu ziehen, darunter Renault, Nixdorf, Avis, die Schweizerische Volksbank oder den Lebensmittel-Riesen Migros. An der Angel hingen indessen jeweils nur Filialen, in den Zentralen waren die Personalchefs ahnungslos. Offensichtlich hatten sich einige Filialleiter der U-Man-Offerte bedient.[52]

Und weil das Geschäft floriert, vergibt die Schweizer U-Man-Zentrale längst auch Lizenzen. Ein einträgliches Geschäft: Zu berappen sind eine happige Grundgebühr, zu der sich monatliche Lizenzgebühren addieren. Der Kontrakt besitzt freilich nur solange Gültigkeit, als der Lizenznehmer fest vorgeschriebene Quoten an verkauften Tests einhält. Quoten im übrigen, die – auch das sieht der Lizenzvertrag vor – jährlich weiter ansteigen. So garantiert auch U-Man Scientology stetig steigende Einnahmen.[53]

Wenngleich der Markt schwieriger geworden ist für die eifrigen Personalberater. Große Versicherungen und Banken, die sich zunächst auf das U-Man-Angebot eingelassen hatten, brachen den Kontakt ab, als sie von den allzu engen Verbindungen zwischen U-Man und Scientology erfuhren.[54]

Und dennoch gehen die Geschäfte offenbar weiter gut. „Das wundert einen immer wieder", bekundet selbst die Scientology-Kennerin Lerchenmüller. Nicht wenige Wirtschaftsunternehmen hätten wohl Kenntnis davon, daß sich hinter den U-Man-Beratern Scientologen verbergen. „Aber die denken, da gibt's ein paar gute Tips, und dann werden wir die wieder los." Für Helga Lerchenmüller eine „ganz gefährliche Einschätzung": „Scientologen, sind sie erst einmal da, wieder loszuwerden ist gar nicht so einfach."

Auf dem Vormarsch

Derweil ist die „Kirche" weiter auf dem Vormarsch. Insbesondere im Osten treibt sie die Expansion voran. Emsig bei der Arbeit ist etwa die Wiener Dependance („Org"), die für die Verbreitung von Scientology in Ungarn und der ČSFR zuständig ist, „Projekt Dynamik vier" (München) und „Help Rumänien" (Zürich), zwei Hubbards Gedankengut nahestehende Organisationen nahmen den ehemaligen Ceausescu-Staat ins Visier.[55] Doch damit nicht genug: „Im vergangenen Jahr hat die AOSH UK (Anm. d. Vf.: Adavanced Organization Saint Hill United Kingdom, europäisches Ausbildungszentrum) sehr gute Kommunikationslinien in die Sowjetunion hineinetabliert", jubelte im Herbst 1991 ein Rundschreiben an die Mitglieder. „Auch der Russische Kulturminister trägt aktiv LRH™ Tech in die Sowjetunion hinein. Er hat uns mit der schriftlichen Erlaubnis ausgestattet, LRH-Bücher an Russische Bibliotheken zu bringen. Wir haben bereits Zehntausende von Büchern nach Rußland gebracht ..."[56] Auch in China haben Hubbards Nachfahren mittlerweile Fuß gefaßt und das Standardwerk „Dianetik" in Zigtausenden von Exemplaren auf den Markt geworfen.

Selbst im kleinen Albanien treiben Hubbards Gefolgsleute die Expansion unverdrossen voran. An vorderster Front tut sich Gerhard Haag hervor, einst Inhaber der Firma Stahlbautechnik Neckar in Altbach. Er knüpft Kontakte, schafft Verbindungen zu offiziellen Stellen und öffnet die öffentlichen Bibliotheken für Hubbards Werke.

Den zunächst fruchtbarsten Nährboden fanden die Scientology-Jünger indessen in den fünf neuen Ländern der Bundesrepublik. Bereits am Tag nach der Maueröffnung sollen Abgesandte an den damals noch wenigen Übergängen zwischen West- und Ostberlin mehr als 10000 von Hubbards Werken unters arglose Volk gebracht haben.[57] Kurz darauf vermeldete ein internes Strategiepapier, in den fünf neuen Ländern seien „Aktionsgruppen" gebildet worden, um in Politik und Wirtschaft Einfluß zu gewinnen.[58] Gleichzeitig eilten willige Missionare aus dem Westteil Deutschlands in die fünf neuen Länder, gewillt, die neue religiöse Freizügigkeit im Lande und die Ahnungslosigkeit der „Befreiten" gewinnbringend zu nutzen.

Aufgebrochen waren sie, um den ahnungslosen jungen Ostdeutschen den „Weg zum Glücklichsein" zu ebnen. „Es ist unsere Verantwortung, diese Menschen nicht von einer Unterdrückung in die andere laufen zu lassen", kommentierte das Hamburger Scientology-Blatt „Neue Zivilisation" die neue Offensive, die denn auch alsbald die Gründung neuer Zentren im Osten nach sich zog. In Suhl, Leipzig und Dresden stampfte die „Kirche" ihre ersten ostdeutschen Niederlassungen aus dem Boden. Ein Kreuzzug mit Erfolg: „In Pionierarbeit wurde seit März 1990 die Ex-DDR erobert", feierten sich die Scientologen selbst. Mit der Wiedervereinigung habe „ein aufregendes Kapitel der Geschichte" begonnen: Sowohl im Osten Deutschlands wie auch im Süden findet Expansion statt – ein Ende ist nicht in Sicht."[59] Die Missionsarbeit im Osten Deutschlands wurde den Scientologen freilich durch die Unkenntnis örtlicher Behörden und Verwaltungen erheblich erleichtert. Bereitwillig stellten Kommunen Kulturhäuser und Veranstaltungsräume für Werbezwecke zur Verfügung. Auch die Berliner Treuhand soll aktiv Grundstücke vermittelt haben, auf denen sich die „Kirche" niederlassen konnte.[60]

Trotz ihres wirtschaftlichen Rückstandes erwiesen sich die fünf neuen Länder bereits nach kurzer Zeit als durchaus ertragreiches Pflaster. Allein die Firma Karl Erich Heilig Werbeideen, die sich kurz nach der Maueröffnung in Schwaan bei Rostock niederließ und sich innerhalb kürzester Zeit zu einem Marktführer für Ortsinformationstafeln in der Ex-DDR aufschwang, scheffelte mit der begleitenden Werbung Millionen, die Scientology zugute kamen. Woraus das Unternehmen auch überhaupt keinen Hehl machte: „In nur sechs Monaten haben wir Scientology mit ca. sechs Millionen Mark unterstützt", hieß es auf Briefbögen der Firma.[61] Und der Kreuzzug ging offensiv weiter: „Aufgrund einer persönlichen Empfehlung wollen wir auch Sie (Dich) darüber informieren, was passiert, wenn powervolle Wesen sich zusammentun und an der Errichtung großer Ziele arbeiten", suchte Heilig persönlich neue Anhänger zu ködern.[62]

Weil insbesondere kleine und mittlere Unternehmen Gefahr laufen, in die Fänge von Scientology zu geraten, sind mittlerweile insbesondere Handwerkskammern und Industrie- und Handelskammern hellhörig geworden, wenn der Verdacht unfreiwilliger Kontakte zu Scientology besteht. Auch die Parteien wehren sich insbesondere in Deutschland zunehmend heftiger gegen allzu enge Verbindungen mit der „Kirche", gehen da und dort, wie die CDU in Baden-Württemberg oder die SPD in Hamburg, auch mit Verve in die Offensive. Zu groß war die Unruhe geworden, die der Drang der „Kirche" zur Expansion für die Parteien aufgeworfen hatte.

In Hamburg etwa hatte die Geschäftsverbindung zweier hochrangiger FDP-Politiker mit dem stadtbekannten Immobilienmakler Götz Brase die Freidemokraten im März 1991 in arge Kalamitäten gebracht. Der FDP-Fraktionsvorsitzende, Frank-Michael Wiegand, auch er ein Makler, gab sich zunächst ahnungslos: Er wisse nicht, „was bei den Scientologen los" sei[63]. Gleichwohl wurde Parteifreund Brase schließlich zum Austritt aufgefordert. Dissonanzen hat die Doppel-Mitgliedschaft freilich auch in anderen Parteien hervorgerufen. Nachdem der Bundesparteitag der CDU 1991 in Dresden die Unvereinbarkeit einer Doppelmitgliedschaft in Partei und Scientology beschlossen hatte, verordnete etwa der CDU-Kreisverband des Alb-Donau-Kreises seinem Mitglied Ernst Haible den Ausschluß. Haible gilt als prominentes Mitglied der Scientologen und ist auch auf der Liste der „Patrons" vermerkt.[64] Widerstand gegen den Parteiausschluß kündigte hingegen der Unternehmer Thomas Rothfuss aus Memmingen an. Rothfuss will sich seine Parteizugehörigkeit nötigenfalls vor dem Bundesverfassungsgericht erstreiten.[65] Andere Scientology-Mitglieder verließen die Partei freiwillig.

Während also die Parteien zunehmend über Strategien nachsinnen, der Unterwanderung durch Scientology zu begegnen, lassen sich die großen Wirtschaftsverbände Zeit. Bis zum Frühjahr 1992 hatten weder der Bundesverband der Deutschen Industrie noch der Deutsche Industrie- und Handelstag etwas schriftlich kundgetan, wie der Vereinnahmung durch Scientology zu begegnen ist.[66]

Anmerkungen

[1] Staatsanwaltschaft München, (Az. 115 Js 4298/84).

[2] In Südwestfunk-„Funkreport" am 9.2.1992: „Die Unterwanderungsstrategie der Scientology-Sekte".

[3] Ebda.

[4] Ebda.

[5] Aus: Activity Nr. 1 v. 4.4.1989.

[6] Vgl. „Scientology-Technologie ‚in jedem Geschäft der Welt'", in: Tagesanzeiger v. 22.6.1991.

[7] Vgl. Wise-Mitgliederliste 1991, S. C7.
[8] Auszug aus einem Mitschnitt der 6. IAS-Jahresfeier (International Association of Scientologists) in Lausanne am 5. 10. 1990; veröffentlicht in Cash Flow v. Juli/August 1991, 39.
[9] Vgl. „Die Unterwanderung beginnt mit biederen Fragebögen" in: Die Weltwoche v. 18. 4. 1991.
[10] L. Ron Hubbard, Das Handbuch für den Ehrenamtlichen Geistlichen, Kopenhagen 1983, 665.
[11] KSW News, 32.
[12] Ebda.
[13] Vgl. „Die Seelenkäufer" in: Badische Zeitung v. 18./19. 5. 1991.
[14] Vgl. „Konkursantrag gegen Scientology-Verein" in: Süddeutsche Zeitung v. 13. 11. 1991.
[15] Südwestfunk-„Funkreport", a. a. O.
[16] Vgl. epd v. 5. 6. 1991 und „The Thriving Cult of Greed and Power" in: Time v. 6. 5. 1991.
[17] In: Celebrity Nr. 17, 6.
[18] Vgl. „Big Spender" in: Cash Flow v. Juli/August 1991.
[19] Ebda. und „Lieber tot als unfähig" in: Der Spiegel Nr. 14/1991.
[20] epd. v. 16. 8. 1991.
[21] Verwaltungsanordnung ED 1040 INT – Ein Plan für die Ausweitung von Scientology auf das Geschäftsleben, zitiert in: Spiegel Nr. 14/1991.
[22] Vgl. Antwort des Kultusministeriums von Baden-Württemberg v. 9. 7. 1991 auf einen Antrag der SPD v. 19. 3. 1991.
[23] Vgl. „Aufs Pflaster knallen in: Wirtschaftswoche (Düsseldorf) v. 22. 3. 1991.
[24] Ebda.
[25] Ebda.
[26] Policybrief v. 27. 8. 1980, vgl. auch Der Spiegel, a. a. O.
[27] Prim-„Anweisung" der Abteilung 7 Nr. 4, November 1986.
[28] Vgl. „Die machen dich fertig" in: doppelstab v. 3. 8. 1989.
[29] Ebda.
[30] Vgl. „Thetanen in geheimer Mission" in: Die Zeit v. 5. 4. 1991.
[31] Ebd.
[32] Verwaltungsanordnung ED 1040 INT, a. a. O. und „Scientology: Übermenschen unter uns" in: tageszeitung v. 31. 7. 1991.
[33] Ebda.
[34] Vgl. Stern v. 21. 3. 1991, Die Welt v. 22. 3. 1991 („Gegenwind für die reichen Versucher-Organisationen") und tageszeitung v. 1. 9. 1989.
[35] Vgl. „Rausschmiß für Scientology-Makler?", in: Stuttgarter Zeitung v. 1. 4. 92, und „Scientologen bei Immobilien im Geschäft", in: Bad. Neueste Nachrichten v. 2. 4. 92.
[36] Vgl. „Scheinglück zu Wucherpreisen" in: IG Metall v. 9. 8. 1991. Vgl. auch Wirtschaftswoche (Düsseldorf) v. 22. 3. 1991.
[37] Vgl. Cash Flow, a. a. O. und „Verdacht des Betrugs" in: Wirtschaftswoche (Österreich) v. 31. 10. 1991.
[38] Aus dem Begleittext zur CD Why is it you? von Richard Irving: „Diese CD gibt es nur direkt bei Pyramid Music Tonstudio GmbH ... Mit dem

Kauf dieser CD unterstützen Sie den Fonds zur Unfallhilfe durch Alkohol am Steuer. Mit freundlicher Unterstützung von: Bundesministerium für Öffentliche Wirtschaft und Verkehr, ÖAMTC, Kuratorium für Verkehrssicherheit."

[39] Vgl. „FOTRONIC expandiert in den Osten" in: Burgenland MITTE v. 24.7.1991.

[40] Vgl. Der Spiegel, a.a.O.

[41] Vgl. „Die Geschäfte der Seelenfänger" in: Stern v. 8.6.1989.

[42] Einladungsschreiben „Thetavolles Sommerfest" ohne Datum.

[43] Vgl. Die Zeit, a.a.O.

[44] Vgl. auch „Millionen durch Gehirnwäsche" in: Stern v. 26.4.1990.

[45] Vgl. „Scientology. Die Idee der genialen Sekte – und die Firma ARC Music" in: Musicblatt 3/1991.

[46] Vgl. „Buchgeschäfte mit der Dianetik" in: Börsenblatt v. 13.7.1990.

[47] Vgl. Wirtschaftswoche, a.a.O.

[48] Vgl. AGPF aktuell 1/1991, 21.

[49] Vgl. Internationale „Patron"liste in: Impact, Issue 37, 1991.

[50] Vgl. Tagesanzeiger v. 22.6.1991 und Die Zeit, a.a.O.

[51] Vgl. Badische Zeitung, a.a.O.

[52] Vgl. Tagesanzeiger, a.a.O.

[53] Vgl. Die Zeit, a.a.O.

[54] Vgl. Der Spiegel, a.a.O.

[55] Vgl. „Sekten wittern im Osten Morgenluft" in: Münchner Abendzeitung v. 18.5.1990.

[56] Rundschreiben: „Eiliges Briefing über Rußland" v. 21.8.1991.

[57] Vgl. auch „Die Sekte, die das Glück verkauft!" in: Dolomiten v. 15./16.6.1991.

[58] Vgl. Stern v. 26.4.1990.

[59] Vgl. „Scientology-Sekte breitet sich aus", in: Würzburger katholisches Sonntagsblatt v. 28.7.1991.

[60] Vgl. dpa-Meldung v. 21.10.1991.

[61] Vgl. tageszeitung v. 31.7.1991.

[62] Heilig-Schreiben v. 10.5.1991.

[63] Vgl. Der Spiegel, a.a.O.

[64] Vgl. „CDU schließt Scientologen aus der Partei aus" in: Südwestpresse v. 9.1.1992.

[65] Vgl. „Scientology-Mitglied will gegen die CDU klagen" in: Stuttgarter Zeitung v. 14.12.1991.

[66] Südwestfunk-„Funkreport", a.a.O.

Scientology und Gerichte

von Ralf B. Abel

Vorbemerkung

Für eine Organisation wie Scientology, die darauf abzielt, sich in Wirtschaft und Gesellschaft zu etablieren, ist das Recht eines der entscheidenden Instrumente zur Durchsetzung dieser Ziele. Wem es gelingt, seine personellen und wirtschaftlichen Ressourcen auf Dauer in einem der Freiräume einzurichten, die der moderne Rechtsstaat seinen Bürgern gewährt, schafft sich damit die dauerhafte Basis für die Durchsetzung seiner sonstigen Ziele. Aus diesem Grunde hat Scientology der Nutzung der rechtlichen Gestaltungsspielräume von Anfang an hohe Aufmerksamkeit geschenkt und tendiert dazu, das rechtliche Instrumentarium offensiv einzusetzen. Entscheidende Erfolge haben die Scientologen freilich mit dieser Taktik nicht erzielen können. Vielmehr stellen sich Rechtsprechung und Lehre auf die mit dem Auftreten von Scientology verbundenen neuen rechtlichen Fragestellungen ein und beginnen, wenn auch langsam und recht ungleichmäßig, differenzierte Kriterien für einen rechtsstaatlich einwandfreien Umgang mit dieser neuen Herausforderung an das Rechtssystem zu entwickeln.

Scientology – eine „Kirche"?

Kern- und Ausgangspunkt jeder rechtswissenschaftlichen Diskussion ist die Frage, ob die Scientology-Organisationen als „Kirche" oder als Religionsgemeinschaft im Sinne der Art. 4, 140 des Grundgesetzes anzusehen sind. Wäre dies der Fall, würde die Scientology-Organisation den Schutz der Religionsfreiheit genießen, und ihre Tätigkeit würde nicht oder nur zum geringeren Teil den Bedingungen des Wirtschaftsrechts unterliegen.

Das hätte für Scientology erhebliche Konsequenzen, denn ein Wirtschaftsunternehmen hat zahlreiche Vorschriften und Einschränkungen zu beachten. So unterliegen beispielsweise Kapitalgesellschaften einer gesteigerten Publizitätspflicht, es bestehen zahlreiche gewerberechtliche Auflagen, tarifrechtliche und arbeitsrechtliche Bindungen sowie Pflichten zur Bilanzierung und ordnungsgemäßen Buchführung, ferner die korrespondierenden Kontrollrechte der zuständigen Finanz-, Zoll- und Gewerbeaufsichtsbehörden. Das Kartell- und Wettbewerbsrecht ist ebenso zu beachten wie die Vorschriften über Preisangaben oder zum Verbraucherschutz. Anders verhält es sich dagegen bei Vereinen und Kirchen. Das Vereinsrecht und die verfassungsrechtliche Gewährleistung der Religionsfreiheit (Art. 4, 140 GG) sichern diesen eine zwar je nach Vereinstyp unterschiedliche, aber doch weitreichende Autonomie gegenüber staatlicher Kontrolle und Einflußnahme. Voraussetzung dafür ist der Umstand, daß Vereine nur dann eintragungsfähig sind, wenn ihr Zweck nicht auf einen wirtschaftlichen Geschäftsbetrieb gerichtet ist (§ 21 BGB). Das Privileg der größeren Freiheit und der größeren Unabhängigkeit gegenüber staatlicher Aufsicht rechtfertigt sich aus der den Vereinen kraft Gesetzes innewohnenden ideellen Zielsetzung. So sieht es das Gesetz vor. Von daher wird verständlich, warum die Scientology-Organisation einen so großen Wert auf den von ihr nachdrücklich reklamierten Status einer „Kirche" legt. Sie will damit ihre wirtschaftlichen Aktivitäten den Verpflichtungen der Offenlegung und Transparenz entziehen, denen sie bei Geltung der handels- und gesellschaftsrechtlichen Vorschriften unterlägen. Darüber hinaus haftet einem eingetragenen Verein, der sich „Kirche" nennt, eher der Schein des Seriösen und Uneigennützigen an, eignet sich daher besonders gut zur Tarnung wirtschaftlicher Ziele.

Diese Situation ist für die Rechtswissenschaft in vielfacher Hinsicht neu und ungewohnt. Zwar ist die zum Grundrecht der Religionsfreiheit vorhandene rechtswissenschaftliche Literatur außerordentlich umfangreich. Sie befaßt sich aber fast ausschließlich mit dem Verhältnis der großen Kirchen zum Staat. Zielrichtung war in erster Linie der Schutz des christlichen Glaubens und Bekenntnisses vor staatlichen Übergriffen und unangemessener staatlicher Einflußnahme. Diese Fragestellung hat sich geradezu in ihr Gegenteil verkehrt. Jetzt nämlich muß geprüft werden, ob dem demokratischen Rechtsstaat Mittel und Möglichkeiten zu Gebote stehen, die Anwendbarkeit der Religionsfreiheit auf diejenigen Organisationen zu beschränken, denen sie von den Vätern und Müttern des Grundgesetzes zugedacht war, und jeden Mißbrauch dieser Rechtsstellung einer Religionsgemeinschaft zu verhindern. Dies führt in der Praxis zu erheblichen Abgrenzungsschwierigkeiten. Höchstrichterliche Rechtsprechung unmittelbar zu dieser Problemstellung ist spärlich oder überhaupt nicht vorhanden. Die Rechtsentwicklung verläuft kasuistisch: die Fachgerichte treffen auf ihrem jeweiligen Rechtsgebiet Einzelfallentscheidungen, die dann in ihrer Gesamtheit ein deutlicher konturiertes Bild ergeben. Dies soll nachfolgend an einigen Beispielen illustriert werden.

Scientology-Mitarbeiter – keine Geistlichen

Schon früh hat Scientology sich bemüht, einen Freiraum eigener Art für seine Organisation zu nutzen. Die Rede ist von dem sogenannten „Geistlichenprivileg" im Wehrrecht. Nach den Vorschriften des Wehrpflichtgesetzes und des Zivildienstgesetzes sind unter anderem hauptamtlich tätige Geistliche anderer Bekenntnisse, die dem Amt eines ordinierten Geistlichen evangelischen oder römisch-katholischen Bekenntnisses entsprechen, vom Wehr- und Zivildienst befreit. Ein Anhänger der Scientology-Organisation hatte, gestützt auf diese Vorschriften, seine Zurückstellung vom Grundwehrdienst mit der Begründung beantragt, er bereite sich in seiner Organisation auf das Amt eines Geistlichen vor. Seiner Klage gegen den Einberufungsbescheid gab das Verwaltungsgericht Darmstadt im

Jahre 1978 statt.[1] Auf die Revision der beklagten Bundesrepublik Deutschland hob das Bundesverwaltungsgericht dieses Urteil 1980 auf und verwies die Sache zur anderweitigen Verhandlung und Entscheidung an das Verwaltungsgericht Darmstadt zurück.[2] Dort wurde die Klage 1982 abgewiesen.[3] Die hiergegen vom Kläger eingelegte Revision wurde vom Bundesverwaltungsgericht im Jahre 1984 endgültig zurückgewiesen.[4] Neben einer Fülle einzelner Gesichtspunkte, die hier nicht vertieft werden können, hielt das Bundesverwaltungsgericht die Differenzierung zwischen Religions- und Weltanschauungsgemeinschaften grundsätzlich für zulässig. Unter Berufung auf die Rechtsprechung des Bundesverfassungsgerichts[5] stellte das Bundesverwaltungsgericht klar, daß nur solche religiösen Bekenntnisse schutzwürdig sind, die keine privaten Gewinne bezwecken. Eine Gemeinschaft, die überwiegend auf private Gewinnerzielung ausgerichtet ist und sich entsprechend betätigt, kann daher nicht als ein nach den privilegierenden Bestimmungen des Wehrpflicht- und Zivildienstgesetzes begünstigtes Bekenntnis anerkannt werden.

Als weiteres einschränkendes Kriterium fordert die höchstrichterliche Rechtsprechung die Rechtstreue. Nicht geschützt sind danach namentlich solche Religionsgemeinschaften, die sich bei ihren Verkündigungsmethoden anderer Mittel als die der freien geistigen Kommunikation bedienen. Schließlich darf das Wirken der jeweiligen Gemeinschaft nicht geeignet sein, vor allem bei jungen Menschen psychische oder sonstige Schädigungen hervorzurufen. Dies ist jedoch nach Ansicht der Verwaltungsgerichte bei Scientology im wesentlichen gegeben, mit der Folge, daß Anhänger und Mitarbeiter der Scientology weder als Wehr- noch als Zivildienstleistende eine bevorzugte Behandlung beanspruchen können.

Scientology: kein Idealverein, sondern ein Gewerbe

Ein anderer Fragenkomplex betrifft die vereinsrechtliche Problematik. Nur Vereine, die laut Satzung einen ideellen Zweck verfolgen, können die Eintragung in das Vereinsregister verlangen. Bereits zu Beginn der 80er Jahre hatte die in der Stadt München zuständige Behörde der damals größten deutschen Scientology-Organisation, die in München als e.V. eingetragen war, die Rechtsfähigkeit nach § 43 Abs. 2 BGB entzogen, weil sie sich entgegen dem in ihrer Satzung niedergelegten Zweck als ein wirtschaftlicher Verein betätigte. Die Klage gegen diesen Bescheid wies das Verwaltungsgericht München 1984 ab.[6] Es stellte nach eingehender Untersuchung fest, daß Scientology sich in einem solchen Maße wirtschaftlich betätigte, daß diese wirtschaftliche Betätigung erkennbar den Haupt- und nicht den Nebenzweck der Vereinigung bildete. Nach Auffassung des VG München eröffnet zwar das Grundrecht des Art. 4 Grundgesetz den Religionsgemeinschaften Schutz, aber keine schrankenlose Betätigungsfreiheit. Über die gegen dieses Urteil eingelegte Berufung ist es zu keiner Entscheidung mehr gekommen, nachdem die Münchener Scientology-Niederlassung umstrukturiert wurde, die wirtschaftlichen Geschäftsbetriebe verselbständigt wurden und dadurch das Verfahren gegenstandslos geworden war. Anders als das VG München entschied im Jahre 1986 das VG Sigmaringen zu Gunsten der Ulmer Scientology-Niederlassung, dies aber im wesentlichen deshalb, weil dem Gericht, so die Urteilsbegründung, ein umfassendes Bild über das Finanzverhalten des Ulmer Scientology-Vereins und dessen Struktur fehlte.

Anders wiederum entschied das Oberlandesgericht Düsseldorf, welches im Jahre 1983 der ortsansässigen Scientology-Mission die Eintragung in das Vereinsregister von vornherein versagte.[7] Das Oberlandesgericht kam ebenso wie die Vorinstanzen nach sorgfältigen Recherchen zu der Auffassung, daß die Scientology-Mission wegen ihrer wirtschaftlichen Betätigung nicht eintragungsfähig sei.

Auffallend abweichend hat dagegen in einem gleichgelagerten Fall, nämlich dem Eintragungsantrag der Hamburger Scientology-Organisation, das Landgericht Hamburg im Jahre 1988 entschieden.[8] Dieser Beschluß untersagte dem Registergericht, die Vorlage der Bilanzen zur Bedingung für die Fortsetzung des Eintragungsverfahrens zu machen. Der Beschluß stieß in Fachkreisen zwar auf ungewöhnlich heftige Kritik.[9] Doch aufgrund dieses Beschlusses wurde die Hamburger Scientology-Organisation, die schon damals zur bundesweit größten und einflußreichsten Niederlassung gewachsen war, in das Vereinsregister eingetragen. Inzwischen hat die Freie und Hansestadt Hamburg als zuständige Behörde den Scientologen die Rechtsfähigkeit gemäß § 43 BGB wieder entzogen[10]. In anderen in Hamburg anhängigen Verfahren wandte sich Scientology dagegen, sich beim zuständigen Bezirksamt als Gewerbe anmelden zu müssen. Die hiergegen gerichteten Klagen wurden vom Verwaltungsgericht Hamburg in sorgfältig begründeten Entscheidungen vom Januar und Dezember 1991 abgewiesen.[11] Diese Entscheidungen wurden inzwischen vom Hamburgischen Oberverwaltungsgericht bestätigt.

Auch im Ausland wurde ähnlich geurteilt. Der österreichische Verwaltungsgerichtshof geht davon aus, daß es sich bei der Wiener Scientology-Niederlassung um ein Gewerbe handelt.[12] Schon früher hatte der österreichische Verfassungsgerichtshof[13] erkannt, daß die Besteuerung von Scientology-Aktivitäten nicht verfassungswidrig sei.

Trotz der relativ geringen Zahl von Entscheidungen zeigt sich damit die Tendenz der Rechtsprechung, die konkreten Verhältnisse und nicht etwa die von Scientology selbst gewählten Etiketten zur Entscheidungsgrundlage zu machen. Dies setzt freilich umfangreiche und sorgfältige Ermittlungen auf seiten der staatlichen Stellen voraus, da die Rechtsprechung nur Fakten gelten lassen kann und sich nicht mit pauschalen, allgemeinen und vagen Vermutungen begnügt. Dies ist im Interesse der Rechtsstaatlichkeit zu begrüßen.

Strafrecht: Scientology-Kritiker bestätigt

Vielfache Versuche der Scientology, ihre Kritiker mit Mitteln des Straf- oder Zivilrechts einzuschüchtern, sind fehlgeschlagen und haben sich sogar in einzelnen Fällen als Bumerang erwiesen. Die Strafanzeigen der Scientology blieben erfolglos. In einem Fall, in dem neben vielen anderen der 1991 gestorbene prominente Kritiker Friedrich-Wilhelm Haack wegen angeblicher „Volksverhetzung" und ähnlicher Delikte angezeigt worden war, hat die Staatsanwaltschaft München sehr umfangreiche Ermittlungen angestellt, in deren Zuge auch die Münchener Geschäftsräume der Scientologen durchsucht worden sind. In einem 75seitigen Einstellungsbeschluß, denen rund 150 Seiten an Anlagen beigefügt waren, kam die Staatsanwaltschaft unter anderem zu dem Ergebnis, daß das Buch von Haack „Scientology – Magie des 20. Jahrhunderts" überall da, wo sein Inhalt überprüft werden konnte, eine *zuverlässige Faktensammlung* darstellt.[14] In einem anderen Verfahren entschied bereits 1980 der Bundesgerichtshof[15], daß die Weiterleitung eines auf Informationen von Scotland Yard beruhenden Berichts des Bundeskriminalamts über Scientology an die Landeskriminalämter, die deutsche Zentralstelle zur Bekämpfung von Schwindelfirmen e. V. und das Max-Planck-Institut für Psychiatrie in München grundsätzlich zulässig sei. Das Oberlandesgericht München, an welches der Rechtsstreit zurückverwiesen wurde, wies die Klage der Scientologen unter anderem deshalb ab, weil die Weitergabe an die öffentlichen und die privaten Institutionen wegen des Verdachts dubioser und illegaler Geschäftsmethoden der Scientologen zulässig gewesen sei.[16]

Verbotsanträge gescheitert

Im Bereich des Zivilrechts ist die Scientology-Organisation zwar dafür bekannt, daß sie zahlreichen Kritikern Abmahnungen schickt und sie auffordert, bestimmte Behauptungen zu unterlassen. Derartige Abmahnungen haben jedoch keine ernsthafte Bedeutung. Eine Vielzahl von Versuchen, die kritische Berichterstattung durch Unterlassungsklagen oder einstweilige Verfügungen zu verhindern, blieb offenkundig erfolglos. Die ungehinderte Veröffentlichung einer Fülle von Büchern und Broschüren der kirchlichen Weltanschauungsbeauftragten, der Länder Nordrhein-Westfalen und Baden-Württemberg, die Publikation der Standardwerke z.B. von F.-W. Haack oder der Eltern- und Betroffeneninitiativen sind der beste Beweis dafür, daß die dort vorgetragenen Tatsachen zuverlässig sind und nicht verboten werden können. Ein gutes Beispiel für den richtigen Umgang mit ungerechtfertigten Abmahnungen bot eine in Schwerin erscheinende Zeitung. Sie wurde von den Münchener Hausanwälten der Scientology-Organisation unter Hinweis auf die damit verbundene Geschäftsschädigung aufgefordert, nichts über die Verbindung einer in der Nähe von Rostock angesiedelten Firma mit Scientology zu veröffentlichen. Die Journalisten ließen sich nicht irritieren. Der Artikel erschien, flankiert von dem in Faksimile abgedruckten Abmahnschreiben. Zu einem Verbot kam es nicht.

Was können Betroffene tun?

Vielfach scheinen Mitglieder der Scientology sich von der Organisation wirtschaftlich abhängig zu fühlen und Angst vor den finanziellen Folgen eines Austritts zu haben. Derartige Befürchtungen sind unberechtigt.

Austritt jederzeit möglich

Ein Austritt aus den Organisationen ist jederzeit möglich. Dieses Recht des Mitglieds darf weder durch satzungsmäßige noch durch faktische Erschwernisse ausgeschlossen oder erschwert werden[17]. Unzulässig und vor Gericht gescheitert sind Versuche, den Austritt an die Nachzahlung von Kursgebühren und sonstigen Dienstleistungen zu knüpfen, auf die vorher angeblich wegen des Mitarbeiterstatus ein Rabatt gewährt worden sei. Bereits Ende der 70er Jahre hatten die Gerichte derartige Forderungen gegen ehemalige Mitglieder durchweg abgewiesen. Ebensowenig kann die Organisation einen Verzicht auf die Rückzahlung geleisteter Einzahlungen verlangen.[18]

Arbeitsrechtliche Ansprüche ehemaliger Mitglieder

Gerichtlich anerkannt sind dagegen Forderungen ehemaliger Mitglieder an die Scientology-Organisation auf tarifmäßige Bezahlung dort geleisteter Arbeiten. Damit ist zwar nicht jeder Hilfsdienst gemeint. Wenn aber ein Mitglied oder Sympathisant (beides läßt sich oft nicht recht auseinanderhalten) in der Organisation zeitlich und inhaltlich umfangreiche Aufgaben wahrnimmt, gebührt ihm oder ihr dafür das für eine derartige Tätigkeit üblicherweise geschuldete Arbeitsentgelt. Zwar stellt sich Scientology auf den Standpunkt: „Ein Posten in einer Scientology-Organisation ist keine Arbeitsstelle. Es ist eine Verantwortung und ein Kreuzzug"[19]. Diese hochstilisierte Bewertung ändert jedoch nichts an der Einordnung derartiger Tätigkeiten als Arbeitsverhältnis mit den daraus folgenden Rechten und Pflichten.

Das Arbeitsgericht München wies beispielsweise im einzelnen nach, daß eine ausgeschiedene Scientology-Mitarbeiterin ihre Arbeit „weder als rein vereinsrechtliche Betätigung noch als eine Form der Religionsausübung, als Betätigung ihres Glaubens oder Bekenntnisses" ausgeübt, sondern „persönlich abhängige Arbeit im wirtschaftlichen Sinne geleistet" habe[20]. In einem anderen Urteil gab das Arbeitsgericht München der Klage eines gelernten Kochs statt, der für die Scientology-Vorfeldorganisation Narconon e. V. tätig gewesen war. Das Urteil bestätigte das Vorhandensein eines Arbeitsverhältnisses und sprach dem Kläger die für seine Tätigkeit übliche Vergütung zu. Das Urteil enthält auf Seite 14 die bemerkenswerte Feststellung, es bleibe „nur die Annahme, daß durch den weltanschaulichen Rahmen, den sich der Beklagte gibt, eine arbeitsrechtliche Entrechtung großen Stils betrieben wird"[21].

Wenn sich die Scientology-Organisation durch die Neuformulierung ihrer Vertragsformulare auf diese Rechtsprechung eingestellt hat, gibt dies keine Veranlassung zu einer anderen rechtlichen Bewertung[22]. Entscheidend sind nicht die förmliche Bezeichnung und die in einem Vertrag gebrauchten Worte, sondern es kommt entscheidend auf die konkreten Verhältnisse im Einzelfall an. Danach muß man in wohl nahezu allen Fällen davon ausgehen, daß es sich um Arbeitsverhältnisse handelt, für die nach einem Austritt die in der Wirtschaft obligatorische Vergütung für derartige Tätigkeiten verlangt werden kann, einschließlich der Nachzahlung von Steuern und Sozialabgaben durch die Organisation.

Rückforderung von Entgelten

Ein anderer Fall ist die Rückforderung bereits geleisteter Zahlungen durch ehemalige Mitglieder. Dieser Fall kommt in der Praxis am häufigsten vor, was nicht erstaunt, da Scientology in der Regel Zahlung im voraus verlangt. Beanspruchte „Dienstleistungen" werden von der Buchhaltung der Scientology-Organisation von den jeweiligen Vorschüssen abgebucht.

Soweit Vorschüsse „nicht verbraucht" sind, können sie sofort unter Berufung auf ungerechtfertigte Bereicherung (§ 812 BGB) zurückverlangt werden. Selbstverständlich stehen dem Anspruchsteller ab Fälligkeit Zinsen zu. Offenbar um derartige Rückzahlungswünsche zu erschweren oder zu verhindern, bedient sich Scientology der Methode, die Rückzahlung zwar zu versprechen, jedoch vom Abarbeiten eines mehrseitigen Laufzettels abhängig zu machen. Dieser verpflichtet zu zahlreichen Gesprächsstationen und dient offenbar nur dazu, die Betroffenen zur Fortsetzung einer Mitgliedschaft zu überreden. Rechtlich kann eine solche Prozedur nicht gefordert werden. Vielmehr besteht der Rückzahlungsanspruch unmittelbar bei und mit Ausscheiden aus der Vereinigung. Spätestens zum Zeitpunkt der Mahnung kommt Scientology in Verzug. Dies hat wiederum zur Folge, daß Scientology die Kosten der Rechtsverfolgung, das heißt der Anwälte und Gerichte, später zu erstatten hat.

Weniger sicher ist die Rechtslage im Hinblick auf sogenannte „beanspruchte" Zahlungen. Vieles spricht dafür, daß die Forderung nach einer Rückzahlung auch der „verbrauchten" Beträge wegen der Nichtigkeit des zugrundeliegenden Geschäfts berechtigt ist. Scientology steht auf dem Standpunkt, daß die für ihre Dienstleistungen verlangten exorbitanten Preise angemessen seien und daß im übrigen jedermann das Recht habe, sein Geld nach Belieben auszugeben. Diese Argumentation ist freilich nicht stichhaltig. Zwar darf grundsätzlich jeder – bildlich gesprochen – sein Geld zum Fenster hinauswerfen. Darum geht es jedoch nicht. Es geht vielmehr darum, daß keine Organisation Menschen systematisch dazu veranlassen darf, ihr Geld zu verschleudern, vor allem dann, wenn Mitglieder dieser Organisation gezielt bei der Kreditaufnahme eines mittellosen Mitglieds mitwirken, wie es immer wieder geschildert wird. Solche äußeren Umstände machen den gesamten Vorgang sittenwidrig.

In der juristischen Fachliteratur wird daher überwiegend die zutreffende Meinung vertreten, daß die Rückzahlung aller, also auch der „verbrauchten" Beträge schon deshalb gefordert werden könne, weil bereits das zugrundeliegende Rechtsgeschäft sittenwidrig im Sinne des § 138 BGB und damit nichtig sei [23].

Andererseits läßt sich auch daran denken, „Auditing"-Stunden nach verkehrsüblichen Sätzen zu berechnen, wobei der Stundensatz für eine ungelernte Kraft als Maßstab dienen kann, da die „Auditoren" über keinerlei anerkannte Fachausbildung verfügen. Die Ableistung interner Scientology-Kurse entzieht sich einer objektiven Bewertung durch das Gericht und läßt sich daher nicht zugrundelegen. Hier wären aber in jedem Falle die Stundensätze von Fachkräften mit Hochschulabschluß (ca. 50–80 DM pro Stunde anstelle von 300–600 DM pro Stunde) die absolute Höchstgrenze. Zu dieser Frage sind bislang nur einige wenige Urteile von Instanzgerichten ergangen [24]. Höchstrichterliche Rechtsprechung fehlt bislang, vermutlich deshalb, weil Scientology aus gutem Grund bereit ist, streitige Fälle im Vergleichswege außergerichtlich zu regeln.

Wird ein Ehepartner Scientologe, führt dies entweder dazu, daß er den anderen Ehepartner dazu bewegt, überredet oder bedrängt, sich ebenfalls Scientology anzuschließen, oder die Ehe wird über kurz oder lang zerbrechen. In einem solchen Konflikt gelten die allgemeinen familienrechtlichen Bestimmungen. Ist es der Hauptverdiener der Familie, der sich der Ideologie anschließt, bleibt er dem anderen Teil und den Kindern unterhaltspflichtig, auch wenn er sich infolge der Zugehörigkeit zu Scientology seines Vermögens entledigt und/oder sich verschuldet. Ein Scientologe muß sich insoweit behandeln lassen wie jeder andere, der freiwillig auf mögliche Einkommensquellen verzichtet. Der von ihm geschuldete Unterhalt bemißt sich dann nach den möglichen und nicht nach den tatsächlichen Einkünften.

Rechtlich schwieriger liegt die Sache im Falle des Sorgerechts. Die Gerichte neigen bislang dazu, Sorgerechtsentscheidungen ohne Berücksichtigung des ideologischen Hintergrunds zu treffen. Diese Haltung ist zwar innerhalb eines religiös und weltanschaulich pluralen Staates grundsätzlich richtig. Im Falle der scientologischen Ideologie bedarf sie jedoch der Überprüfung und Korrektur. Entscheidend ist nicht die Haltung und das Verständnis der Eltern, sondern ausschließlich das Kindeswohl. Eine Sorgerechtsentscheidung zugunsten eines scientologischen Elternteils bedeutet automatisch eine Sorgerechtsentscheidung zugunsten Scientology. Es muß damit gerechnet werden, daß das Kind durch die „Kinder-Dianetik", scientologische Kindergärten (zum Beispiel die sogenannten „Happy Kids"), durch die speziell für Kinder ausgerichteten Kurse und Trainings so stark in scientologischer Terminologie und – der Sprache folgend – scientologischem Denken gedrillt wird, daß es die Fähigkeit verliert, mit Menschen außerhalb von Scientology in altersadäquater Art zu kommunizieren. Wo aber eine derartige Dissozialisierung der Persönlichkeit systemtypisch ist, kann der Familienrichter unter dem Verfassungsgebot des Artikels 1 Absatz 1 des

Grundgesetzes, wonach der Schutz der Menschenwürde positive Aufgabe aller staatlichen Gewalt ist, nicht „neutral“ bleiben. Die Verfassung gibt keine Veranlassung, derartige Kindeswohlinteressen hintenan zu stellen, sondern zwingt zur Beachtung des Begriffs von Menschenwürde und freier Entfaltung der Persönlichkeit, der dem Menschenbild des Grundgesetzes zugrundeliegt und damit den Kernpunkt jener Wertordnung bildet, die dem freiheitlich-demokratischen Rechtsstaat zugrundeliegt.

Unter- und Tarnorganisationen

Nicht anders als bei politischen Parteien oder wirtschaftlichen Interessengruppen versucht sich Scientology durch die Einschaltung scheinbar neutraler Vorfeldorganisationen Unterstützung zu verschaffen.

Die sich als Drogentherapie ausgebende Organisation „Narconon“ zielt auf die Angst der Bürger vor Drogenkriminalität und den allgemeinen Wunsch, daß Drogenopfern geholfen werden soll. Da es wegen der hohen Kosten viel zu wenige seriöse Therapieplätze gibt, versucht Narconon, in der „Szene“ mit sofort verfügbaren Therapieplätzen um seine angeblich erfolgreiche Methode zu werben. Es gibt keinerlei Beweise für solche Behauptungen; von Therapieerfolgen des Vereins Narconon ist nichts bekannt. Narconon fordert und erhält in der Regel von den Angehörigen der Drogenabhängigen Tagessätze, die bei 120,– DM pro Tag liegen. Seitdem bekannt geworden ist, daß Narconon in enger Verbindung zu Scientology steht und Hubbards Methoden anwendet, werden, soweit bekannt, weder durch die öffentliche Hand noch durch Krankenkassen Mittel zugewendet. Es ist dem Verfasser nicht bekannt, daß Narconon geschulte Fachkräfte einsetzt. Vielmehr soll dort von „Selbsthilfe“ die Rede sein, worunter offenbar die Absolvierung von Scientology-Kursen verstanden wird.

Eine andere Gruppierung, nämlich die sogenannte „Kommission für Verstöße der Psychiatrie gegen Menschenrechte e.V.“, gilt ebenfalls als Vorfeldorganisation der Scientology.

Diese Vereinigung will bei den verbreiteten Vorurteilen gegen Psychiater und Psychiatrie ansetzen. Ihr Ziel dürfte darin liegen, tatsächliche oder vermeintliche Vorfälle so aufzubauschen, daß damit eine Abwertung der Psychiatrie im allgemeinen einhergeht. Dies wiederum soll den Fachleuten die Autorität nehmen, die in der Lage sind, aus fachpsychologischer Sicht die Methoden von Scientology zu durchschauen und zu entlarven.

In gleicher Weise sollen die Kommissionen „für Polizeireform" oder „zum Schutz des Bürgers gegen den Datenmißbrauch" in der Öffentlichkeit wirken. Ein „Verband engagierter Manager e.V." wurde gegründet, um „die Durchsetzung aufrichtigen und ethischen Verhaltens insbesondere im Geschäftsleben" zu fördern, dies unter Bezugnahme auf Hubbards Methoden. Bekanntlich lautet die Definition von „Ethik" im Sinne der Scientologen: 1. Gegenabsichten und 2. Fremdabsichten aus der Umwelt zu entfernen. Es geht daher um die Durchsetzung des scientologischen Ideengutes in der Wirtschaft.

Gleichen Zielen dient die Organisation WISE (World Institute of Scientology Enterprises). WISE vergibt Lizenzen. Die Lizenznehmer bieten der Wirtschaft als „Unternehmensberater" Personalschulungen, Führungs- und Verkaufsseminare an, in denen sie, ohne daß es die Teilnehmer erfahren, nach der Hubbard-Methode geschult werden. Wie gesagt: Die Betroffenen wissen davon in der Regel nichts.

In Hamburg gilt beispielsweise die Firma Business-School Hamburg als Anwenderin scientologischer Lehren, ebenso die MVI Motivations- und Verhandlungstechnik International, ferner die „High Power Trainings-Systems, GOTHO Berlin". Offen zu Scientology gehört die Firma Heilig-Werbeideen, Schwaan bei Rostock. Ein anderes Beispiel sind das bundesweit tätige Personalberatungsunternehmen „U-Man" oder die Firma AMK in Wiesloch, deren veröffentlichtes Material deutliche Übereinstimmungen mit scientologischen Vorstellungen aufweist. Diese Beispiele ließen sich beliebig fortsetzen.

Zur unauffälligen und scheinbar neutralen Bekämpfung

von Kritikern wurde die „Vereinigung zur Humanisierung religiös-ideologischer Konflikte" gegründet, die in Wirklichkeit die Ausbreitung scientologischer Ideen unterstützt.

In Wien zählte das „Zentrum für Kunst und Kommunikation" zu den scientologischen Aktivitäten. Es richtete sich in erster Linie an gebildete und kunstinteressierte Bürger und versuchte auf diese Weise, scientologische Gedanken oder Personen „salonfähig" zu machen.

Eine andere Zielgruppe, nämlich Schüler und Studenten, spricht ZIEL („Zentrum für individuelles und effektives Lernen") an. Diese in der Bundesrepublik Deutschland, Österreich und der Schweiz verbreitete Vorfeldorganisation soll die Hubbard-Techniken beim Lernen vermitteln, wodurch Schüler automatisch an den Jargon und – über die verwendeten Begriffe – an die inhaltlichen Strukturen von Scientology-Dianetik gewöhnt werden.

Bei dieser Aufzählung handelt es sich nur um wenige Beispiele, die bei Drucklegung bereits wieder überholt sein können. Sie sollen pars pro toto zeigen, daß und auf welche Weise die Scientology-Organisation versucht, sich im gesellschaftlichen Umfeld durch entsprechende Vorfeldaktivitäten Anerkennung oder Reputation zu verschaffen. Dies ist den Scientologen bisher nicht gelungen, da die scientologischen Hilfsorganisationen relativ rasch als solche erkannt worden sind. Inzwischen scheint Scientology ihre Strategie verfeinert zu haben, indem man sich so lange wie möglich unauffällig gibt und zu subtilen Mitteln der Einflußnahme greift. Wenn beispielsweise der Geschäftsführer der Hamburger Computerfirma Cosmos Computer GmbH ein in einschlägigen Kreisen bekannter Scientologe ist, muß das der durchschnittliche Kunde noch lange nicht wissen. Computerfirmen können jedoch, je nach Tätigkeitsbereich, sehr viel über ihre Kunden in Erfahrung bringen. Wenn beispielsweise eine über eine Firma gewonnene Information von der Scientology-Zentrale oder Dritten genutzt wird, um auf Personen oder Firmen Einfluß zu nehmen, würde dies kaum nachweisbar sein und von den Betroffenen vermutlich am allerwenigsten erkannt werden können. Ebenso läßt es sich nicht ausschließen, daß scientologische Steuerberater, Wirtschaftsprüfer, Rechtsanwälte, Ärzte usw. die von ihnen erlangten Informationen für die Zwecke ihrer Organisation nutzen, denn weder die bekannt gewordenen Schriften Hubbards noch die Schriften der Organisation noch der scientologische sogenannte „Ehrenkodex" würden solches Handeln verbieten. Für einen Außenstehenden drängt sich vielmehr der Eindruck auf, daß solches Handeln gefordert und organisationsintern belohnt wird.

Unterwanderungsversuche machen natürlich auch vor der Politik nicht halt. Vor der Hamburger Bürgerschaftswahl des Jahres 1991 erschienen Presseartikel, die die FDP der Hansestadt mit der Scientology-Organisation in Verbindung brachten. Dies hat sich möglicherweise im Wahlergebnis niedergeschlagen. In Marburg wurde der örtliche CDU-Vorsitzende als Scientologe enttarnt. Inzwischen haben die CDU bundesweit und die SPD in Hamburg einen Unvereinbarkeitsentschluß gefaßt. Die Scientologen selbst behaupten, daß – bei allen Parteien – Scientologen Mitglieder seien.

Zu diesem Fragenbereich gibt es derzeit noch keine Rechtsprechung. Sie wird sich vermutlich bald entwickeln. Ihre Maßstäbe werden dabei die Beachtung der Grundrechte, des geltenden Arbeitsrechts, des Ausbeutungsverbots und das Prinzip von Treu und Glauben in allen mit Scientology geschlossenen Vereinbarungen bilden.

Resümee

Betrachtet man zusammenfassend das Verhältnis von Scientology und Rechtsprechung, so zeigt sich, daß es den Scientologen trotz verbreiteter Unkenntnis über das Wesen dieser Organisation und mancher widersprüchlicher Entscheidung bisher nicht gelungen ist, die Rechtsprechung für ihre Ziele zu vereinnahmen. Es entspricht vielmehr herrschender Meinung, daß die Scientology-Organisation ungeachtet aller religiösen Dekorationsversuche nicht den Charakter einer Kirche oder Religionsgemeinschaft besitzt[25] und keinerlei diesbezügliche

Vergünstigungen in Anspruch nehmen kann. Soweit sich Scientology im Rahmen der Legalität hält[26], sind in Lehre und Rechtsprechung Ansätze zu erkennen, die aufgetretenen und auftretenden Konflikte auf rechtsstaatlicher Grundlage so zu lösen, daß bei Wahrung der weltanschaulichen Neutralität des Staates dem Versuch Einhalt geboten wird, unrechtmäßige Vorteile gegenüber anderen Personen, Gesellschaften oder Institutionen zu erlangen. Es scheint sich ein innerstaatlicher ordre public gegen den von Scientology versuchten Gestaltungsmißbrauch zu entwickeln, der als Basis für die Lösung der noch offenen Fragen dienen kann.

Anmerkungen

1 VG Darmstadt, Urteil vom 14.12.1978, Neue Juristische Wochenschrift (NJW) 1979, 1056.

2 Bundesverwaltungsgericht, Urteil vom 14.11.1980, NJW 1981, 1460.

3 VG Darmstadt, Urteil vom 26.8.1982, NJW 1983, 2595.

4 Bundesverwaltungsgericht, Urteil vom 25.5.1984, NJW 1985, 393.

5 BVerfGE 12, 1 (4).

6 VG München, Urteil vom 25.7.1984, Gewerbearchiv 1984, 329.

7 OLG Düsseldorf, Beschluß vom 12.8.1983, NJW 1983, 2574.

8 LG Hamburg, Beschluß vom 17.2.1988, NJW 1988, 2617.

9 Karsten Schmidt, NJW 1988, 2574.

10 Über die dagegen eingelegten Rechtsmittel ist noch nicht entschieden.

11 VG Hamburg, 17 VG 978/88, sowie Gerichtsbescheid vom 21.12.91 (5 VG 1351/91), unveröffentlicht.

12 VGH Wien, Beschluß vom 10.6.1991, Zl 90/15/0022.

13 Erkenntnis vom 12.12.1988, B 13/88–11 und B 150/88–15.

14 Beschluß vom 24.4.1986, 115 Js 4298/84.

15 BGH, Urteil vom 25.9.1980, NJW 1981, 675.

16 OLG München, Urteil vom 28.1.1982, 1 U 1273/81, nicht veröffentlicht.

17 Vgl. bereits AG München, Urteil v. 8.12.1977, 9 C 836/77, zitiert bei W. J. Habscheid in: Juristische Probleme im Zusammenhang mit den sogenannten neuen Jugendreligionen, München 1981, 77, Fußnote 38; Habscheid, a.a.O. 71 ff.; Landgericht München I, Urteil vom 4.3.1986 – 6 O 22072/84 –, NJW 1987, 847.

18 Habscheid, a.a.O., 72, Fußnote 17.

19 HCO Policy Letter vom 22.10.62, zitiert nach: H. Taudien in: R. B. Abel u.a., Die Rechtsprechung zu Neueren Glaubensgemeinschaften, Krefeld 1991, 18, Fußnote 5.

20 Arbeitsgericht München, Urteil vom 9.4.85 – 3 Ca 14663/82 – veröffent-

licht bei: Taudien, in: Abel u. a., Die Rechtsprechung zu Neueren Glaubensgemeinschaften 1991, 19.

[21] ArbG München, Urteil vom 27. 11. 87 – 24 Ca 14748/86 –; die Berufung wurde durch Beschluß des LAG München vom 1. 7. 88 zurückgewiesen – 4 Sa 88/88 –.

[22] Vgl. Taudien in: Abel u. a., Die Rechtsprechung zu Neueren Glaubensgemeinschaften, 23.

[23] Vgl. Habscheid, in: Juristische Probleme im Zusammenhang mit den sogenannten neuen Jugendreligionen, München 1981, 72; Verfasser in: Abel u. a., Die Rechtsprechung zu Neueren Glaubensgemeinschaften, 86 ff.

[24] Vgl. Verfasser in: Abel u. a., Die Rechtsprechung zu Neueren Glaubensgemeinschaften, 85 ff mit weiteren Nachweisen.

[25] So z. B. die einhellige Auffassung der von der Hamburger Bürgerschaft am 12. 2. 1992 angehörten Experten. Vgl. Hamburger Abendblatt v. 14. 2. 1992.

[26] Von strafbaren Handlungen, wie sie Scientology von zahlreichen Personen und Institutionen vorgeworfen werden (zahlreiche staatsanwaltschaftliche Ermittlungsverfahren sind in dieser Hinsicht anhängig), soll im Rahmen dieses Aufsatzes nicht gesprochen werden. Hier gelten selbstverständlich die allgemeinen Strafgesetze ohne jede Ausnahme.

Scientology und Religion

von Friederike Valentin

Scientology hat einen sehr hohen Anspruch: „Scientologen sagen seit Jahren voraus, daß – wenn die Dinge kulturell in Brüche gehen – eine neue Religion die Bruchstücke wieder zusammentragen wird. Das sind wir."[1] Scientology versteht sich als aktuelle Variante von Religion: „Jedes Zeitalter und jede Religion hatte eine Technologie. Die Technologie von heute und morgen ist die Scientology."[2] Dieses Selbstverständnis rührt aus der Überzeugung, an einem „Wendepunkt der Geschichte"[3] angekommen zu sein. 1954 wurde die „Church of Scientology" in California als Gesellschaft mit beschränkter Haftung registriert.[4] 1955 erfolgte die Anerkennung des Geistlichenstandes durch das Gericht von Columbia. Relativ spät, erst 1959, wurden die Zeremonien der Scientology Kirche veröffentlicht. Doch besteht Anlaß zur Annahme, daß die Scientologen sich zumindest teilweise aus steuerlichen Gründen als „Kirche" deklarieren: Hubbard schrieb: „Es scheint, daß wir jetzt alles hinbekommen werden. Und gute Neuigkeiten! Alle Auditoren werden Geistliche sein, und Geistliche haben an vielen Orten besondere Privilegien einschließlich Steuer- und Wohnungsvergünstigungen. Natürlich ist alles eine Religion, was den menschlichen Geist behandelt. Und auch Parlamente greifen Religionen nicht an. Aber dies ist nicht unser eigentlicher Grund – es war eine lange, harte Aufgabe, eine gute Gesellschaftsform im Vereinigten Königreich und im Commonwealth zu schaffen, so daß Gewinne transferiert werden konnten."[5]

Scientology erkennt selbst den geringen religiösen Gehalt der eigenen Anschauung, betont aber: „Die Tatsache, daß sie von keiner Gottheit im herkömmlichen Sinn ausgeht, schließt nicht ihren Status als Religion aus."[6] Andererseits behaupten Scientologen: „Wir Scientologen glauben, daß Gott existiert. Hinsichtlich der Form, in der er existiert, haben wir noch kein Dogma. Da die Scientology Kirche in der Entwicklung steht, weiß wohl niemand, was nocht entdeckt wird."[7] Bei konsequenter Durchsicht der Lehre liegt der Schluß nahe: „Der Mensch ist Hubbards Gott, der fähige und vollkommene Mensch, den er – interessiert an der Herbeiführung des Neuen Zeitalters – (für dieses) dann auch produzieren will; der dann, wie es die Werbung der Scientology bzw. Hubbards über den OT-Grad VIII einmal gesagt hat, ‚Ursache über Materie, Energie, Raum und Zeit' sein kann."[8]

Die Scientology Kirche legt Wert auf die Feststellung: „Die Scientology steht nicht im Widerstreit mit anderen Religionen oder religiösen Gebräuchen, da sie das Verständnis dafür vertieft und ein Verstehen der geistigen Natur des Menschen bringt. Die Scientology zählt Leute aller größeren Konfessionen zu ihren Mitgliedern, einschließlich vieler Priester, Bischöfe und anderer ordinierter Kirchenmitglieder der größeren Konfessionen."[9]

Es heißt aber auch, Scientology reiche weiter (!) als irgendeine frühere westliche oder östliche Philosophie. Die Verbindung zum Hinduismus zeigt sich vor allem in der Hochschätzung der Veden: „Sie ... manifestieren einen Glauben an Reinkarnation und Unsterblichkeit des menschlichen Wesens."[10]

Scientology fühlt sich am nächsten dem Buddhismus verwandt und versteht sich als „eine direkte Fortsetzung ... des Werkes von Gautama Siddhartha Buddha."[11] Sie vertritt die Meinung, das buddhistische Zeitalter habe von 550 v. Chr. bis 1950 n. Chr. gedauert – um so die Kontinuität aufzeigen zu können.[12]

Scientology will ein „goldenes Zeitalter" heraufführen. In einer Ankündigung zu dem Buch „Hymn of Asia" heißt es: „Vor 2500 Jahren lebte ein großer Mann in Nordindien ... Er wurde Buddha genannt, der ‚Erleuchtete'. Er sagte voraus, daß 2500 Jahre nach seinem Hinscheiden ein großer Nachfolger käme. Er nannte diesen kommenden Buddha Metteyya, was bedeutet ‚Freund'." [13] An einer anderen Stelle heißt es über Hubbard: „Menschen auf der ganzen Erde erkennen, daß sie keinen treueren Freund haben." [14] – Die buddhistische Tradition aber nennt ein anderes Datum für diesen Nachfolger, nämlich 4000 Jahre nach dem Tod Buddhas. Außerdem ist die Beschreibung des Maitreya (Scientology transkribiert Metteyya) in dieser Tradition völlig anders. Seine Hautfarbe wird als gelb beschrieben, von rothaarig ist dort nicht die Rede. Außerdem heißt es: „Er ist dreigesichtig, dreiäugig und vierarmig. Sein rechtes und linkes Gesicht sind das eine von blauer, das andere von weißer Farbe. Sein Teint ist gelb, wie von Gold." [15]

Auch auf das Christentum nehmen Scientologen Bezug; einzelne Bibelstellen werden zitiert: 1 Jo 5,6; 1 Kor 2,11; Lk 17,21; Jo 6,63; 8,32; 14,6; 14,17. Wenn sich auch die Scientologen manchmal auf die Bibel berufen, so lehnen sie die zentrale christliche Forderung nach Vergebung ab: „Wenn es eine fromme Eigenschaft gibt, dann ist es nicht die zu vergeben. ‚Verzeihung' ist eine viel niedriger einzuordnende Handlungsweise und kommt Tadel und Kritik sehr nahe." [16] In gleicher Weise hat Reue einen sehr niedrigen Stellenwert. Auch übernehmen Scientologen die (aus esoterischen, also nichtchristlichen Quellen stammende) „Überlieferung, nach der Christus in Indien studierte und im Alter von dreißig Jahren in den Westen zog, um Weisheit und Hoffnung zu bringen ... Die Scientology kann zeigen, daß sie in der Lage ist, die Ziele zu erreichen, die dem Menschen von Christus vorgezeichnet worden waren, nämlich Weisheit, gute Gesundheit und Unsterblichkeit." [17] „Der Hauptunterschied besteht darin, daß im Christentum der Mensch durch das Werk Jesu Christi und die Gnade Gottes erlöst wird, während in der Scientology ‚von innen' durch rechtes Erkennen, Denken und Handeln erlöst wird." [18] Zugleich wirft Scientology der Kirche vor, den Menschen in Unwissenheit gehalten zu haben. [19]

Weiter heißt es: „Daß sich die Scientology vom Christentum unterscheidet, ist offensichtlich, aber das bedeutet nicht, daß sie nicht eine Religion oder Kirche ist ... Das Wort ‚Kirche' bedeutet im Originalgriechisch soviel wie politische Versammlung. Man kann eine eng begrenzte Definition des Wortes ‚Kirche' nicht gelten lassen."[20]

Obwohl die Scientology Kirche Dogmen ablehnt, hat sie selbst ein Glaubensbekenntnis geschaffen, das im ersten Teil allgemeine Menschenrechte zum Inhalt hat. Im zweiten Teil heißt es u. a.: „Wir von der Kirche glauben, daß die Seelen der Menschen die Rechte der Menschen haben. Daß das Studium des Verstandes und die Heilung der mental verursachten Krankheiten von Religion nicht entfremdet oder an nichtreligiöse Gebiete vergeben werden sollten. ... Daß der Mensch grundsätzlich gut ist. ... Daß sein Überleben von ihm selbst und seinen Mitmenschen und von seinem Erreichen der Bruderschaft mit dem Universum abhängt. ... Daß der Geist gerettet werden kann und daß der Geist allein den Körper retten oder heilen kann."[21] Das Scientology-Kreuz soll die acht Dynamiken der Lehre symbolisieren, es soll ein Zeichen sein für „das Zusammentreffen von Geist und Materie im Leben eines jeden Menschen."[22] Das Kreuz wird also nicht christlich interpretiert: Das spezifische Scientology-Kreuz findet sich bereits auf den Tarot-Karten des satanistischen Kultordens Ordo Templi Orientis (O.T.O.), was die Interpretation von Scientology allerdings in einem etwas anderen Licht erscheinen läßt ...

Im Scientology-Gottesdienst wurde ein Gebet erst auf Wunsch eingeführt. Lesungen stammen ausschließlich aus der Scientology-Literatur, denn „es besteht ... keine Notwendigkeit, in einem Gottesdienst der Scientology Kirche sonstige Quellen zu zitieren."[23] Weitere Elemente sind Credo, Gruppenauditing und eine Predigt über spezifische Scientology-Themen (z. B. Dynamiken, Axiome, mind). Statt der Taufe wurde die Zeremonie der Namensgebung eingeführt, deren Hauptzweck ist, „dem Thetan die Orientierung zu erleichtern. Er hat vor kurzem seinen neuen Körper übernommen. Er ist sich schon bewußt, daß es nun sein Körper ist und daß er ihn lenkt und leitet. Man hat ihm jedoch noch nichts über die Identität seines Körpers gesagt."[24] Eltern und Paten wollen dem Thetan helfen, „bis er sich so weit entwickelt hat, daß er ihn genügend selbst steuern kann."[25] Die Trauungs- und Beerdigungsformulare enthalten gleichfalls Hinweise auf die Reinkarnation. Der jährliche Gebetstag besteht aus Credo, Gebeten, Predigt, Kurzfilmen, Lesungen auch von Psalmen (!) und einem von Hubbard verfaßten Oratorium. Darüber hinaus wird auch ein Tag der Menschenrechte gefeiert.

Die Büros von Scientology werden schließlich kultisch interpretiert: „Unserer Meinung nach würden die ... als Büros bezeichneten Räume tatsächlich hauptsächlich für die religiösen und sozialen Tätigkeiten der Kirche verwendet und würden demzufolge einen Teil eines ‚Ortes der Anbetung' bilden. Sogar wenn sie in gewissem Maße für Verwaltungsangelegenheiten der Kirche verwendet würden."[26] Allerdings wird ein Scientologe normalerweise auf die Frage, ob es einen Andachtsraum gibt (oder gar auf die Frage nach der Existenz eines Kirchengesangsbuchs), mit „Nein" antworten ...

Mit der Gründung der Kirche war die Schaffung eines Geistlichenstandes verbunden; der Auditor wird somit zum „Geistlichen"[27]. Bei der Ordinationszeremonie werden ihm als Insignien Kreuz und Kette überreicht. Die Kleidung der „Geistlichen" ist teilweise ähnlich jener in den Kirchen üblichen. (Sie tragen auch Kollar.) „Auditoren sind die wertvollsten Menschen auf diesem Planeten, weil sie wirklich anderen helfen können."[28] Nach Hubbard zählen sie „zu dem obersten Zehntel des obersten Zwanzigstels der intelligenten Menschen"[29], denn sie sind „die einzigen Lebewesen auf diesem Universum, die fähig sind, den Menschen zu befreien."[30] „ Somit ist der Ehrenamtliche Geistliche in der Tradition dieser neuen Weltreligion ein Führer, der den Menschen größere Freiheit bringt."[31] Damit wird Auditing zu einer religiösen Praxis und mit der Beichte in der katholischen Kirche oder mit der Zen-Meditation verglichen.

Es erinnert jedoch nicht an die Aufgaben von Klerikern in den Kirchen, wenn Scientology als eine der Aufgaben Verbesserung des Erinnerungsvermögens, Steigerung körperlicher Tüchtigkeit und allgemeiner Lebensfreude, Drogenentzug,

Werbung für Scientology, Buchverkauf nennt und „die Quelle von Unterdrückungen aufzudecken und zu beseitigen"[32] ebenfalls in diese Kategorie bringt. Mit letzterem erhält der Scientology-Geistliche gleichsam eine Spionage-Rolle zugewiesen (wenn man an die Definition von Schwarzer Propaganda denkt, was doch etwas ungewöhnlich für einen Geistlichen ist ...)

Um auch dem Mitglied das Gefühl zu geben, einer „Kirche" anzugehören, ist der frühere Mitarbeitervertrag jetzt ein „Antrag auf Verleihung der Mitgliedschaft in der kirchlichen Ordensgemeinschaft" geworden[33], der vielfach auf 2 1/2 oder 5 Jahre unterschrieben wird. Das Arbeitsverhältnis mit der Sea Organization hingegen wird mit einem Vertrag „für die nächsten Milliarden Jahre" abgeschlossen.[34] Grundlage dafür ist der Glaube an die Reinkarnation. Hubbard war vor der eigenen Gründung mit dem schwarzmagischen O.T.O. (Ordo Templi Orientis) in Verbindung, der die Lehre von der Reinkarnation ebenso vertrat wie die Vorstellung, daß die Seele des Menschen den Körper verlassen („exterior gehen") könne – was vor allem bei den „OT-Phänomenen" wiederholt angesprochen wird. Der Glaube an die Reinkarnation wird in Scientology gleichsam als selbstverständlich vorausgesetzt.

Im Rahmen der „Ausbildung" wird auch in die Assists eingeführt. „Ein Assist ist eine Aktion, die ein Geistlicher unternimmt, um den geistigen Wesen zu helfen, körperlichen Schwierigkeiten ins Auge zu sehen."[35] Dadurch sollen konkrete gegenwärtige physische Beschwerden gelindert werden. Assists können auch bei größeren Unfällen eingesetzt werden (wobei immerhin gesagt wird, daß trotzdem Erste Hilfe Vorrang hat). „Ob sich durch medizinische Behandlung allein eine vollständige Heilung erreichen läßt, ist sogar zweifelhaft. Es ist aber sicher, daß ein Assist den Heilungsprozeß stark beschleunigt."[36] „Ein Assist befaßt sich nicht mit Heilung. Ganz bestimmt hat er nichts mit Behandlung zu tun. Was er macht, ist: Er hilft der Person, sich selbst zu heilen oder durch eine andere Kraft geheilt zu werden, indem er ihre Gründe für die Auslösung und Fortdauer des Zustandes beseitigt und indem er ihre Anfälligkeit für zukünftige Verletzungen oder für das Verbleiben in einem unerträglichen Zustand vermindert."[37] Mit diesem Verständnis wird der Assist in den Zuständigkeitsbereich des Religiösen verwiesen.

Mit jeder Religion ist immer ein bestimmtes Menschenbild verbunden. Scientology ist der Überzeugung, daß der Mensch im Grund gut ist, und Hubbard hat dafür den Beweis erbracht: „Eine Tatsache, die ein Schlag ins Gesicht alter religiöser Glaubensüberzeugungen ist ... Der Mensch ist im Grunde gut, aber er konnte dies bis jetzt nicht zum Ausdruck bringen. Niemand anders als das Individuum selbst kann für seine eigenen Sünden sterben – die Dinge anders darzustellen heißt, den Menschen in Ketten zu halten."[38] „Die Sterblichkeit des Menschen und seine Fixierung auf ‚ein einziges Leben' entstammen alle seinen Anstrengungen, sich selbst unter Kontrolle zu halten und seine Erinnerungen zu vergessen, indem er sich vergeblich müht, sein Betragen und seine selbstzerstörerischen Gewohnheiten, Impulse und Verluste an Können und Fähigkeiten zu ändern."[39]

Die Reinkarnationsvorstellung der Scientologen ist sehr technisch geprägt. Während der Buddhismus die Idee eines substantiellen Selbst nicht kennt, argumentiert Scientology doch auf diese (westliche) Weise. Ebensowenig besteht eine Verbindung hinsichtlich der Erlösungsvorstellung mit dem Buddhismus. Denn Scientology strebt nicht die Flucht aus der materiellen Welt an, sondern im Gegenteil ihre Beherrschung. Wenn der Thetan den Körper verliert, sucht er sich einen neuen – „normalerweise in der Wöchnerinnenstation einer Klinik."[40] So ist der Tod „an sich eine technische Angelegenheit. Sie können einem Ehemann, dessen Frau gerade gestorben ist, mit beträchtlicher Gewißheit versichern, daß sie woanders hingeht, um sich einen neuen Körper zu holen."[41]

Beim Tod verläßt der Thetan den Körper und kehrt gewöhnlich zu einem Planeten zurück. Dort erhält er ein starkes Vergessens-Implantat, da sich der Thetan nicht gerne an das Leben, das er soeben gelebt hat, erinnert. Bei seiner Reinkarnation verschafft er sich einen Körper gleicher Rasse und gleichen Typus wie vorher. Der Thetan muß nur alle seine Fähigkeiten ausschöpfen wollen: „Solange er glaubt, daß er sich kein neues Bein wachsen lassen kann, wird er auch keins haben. Das ist so sehr der Fall, daß es beobachtet werden kann. Es gibt genaugenommen keine Grenze dafür, was Gedanken an der Struktur verursachen können."[42]

Durch dieses westliche Verständnis von Reinkarnation „kann der Mensch unter der Hand selbst zum Gott werden"[43], weil sich Scientology „als Weg zur Macht und Alleinursächlichkeit, zur totalen Kontrolle der Umwelt"[44] versteht.

Der Mensch *hat nicht* eine Seele, sondern *ist* eine Seele. Scientology unterscheidet zwischen Thetan, Mind und Körper. Ein Thetan befindet sich in einer gefährlichen Umgebung. „Alle 60 oder 70 Jahre stirbt ihm der Körper, und das ist kein gesunder Zustand. Wenn die vollständige Technologie der Gefahr-Handhabung *total* angewendet würde, könnte man sich mit ihrer Hilfe aufschwingen, heraus aus dem Zustand, menschlich zu sein!"[45] Hier zeigt sich auch, daß hinter dem umfangreichen Kurssystem eine bestimmte Form von Heilserwartung steht, die aber offensichtlich mehr mit Science Fiction als mit Religion zu tun hat ...

Scientology „weckt Erwartungen eines okkulten Übermenschentums, die von vornherein zum Scheitern verurteilt sind. Der christliche Schöpfungsglaube ist realistischer und barmherziger. Wo nämlich das Menschenleben primär unter dem Gesichtspunkt der Geschöpflichkeit betrachtet wird, ist allen Formen eines biologischen oder okkulten Übermenschentums eine deutliche Absage erteilt. Diese Absage muß gerade in der christlichen Auseinandersetzung mit der Scientology und ihrem unchristlichen Menschenbild laut werden."[46]

Bei näherer Beschäftigung zeigt sich – allein durch die Betonung der Reinkarnation – ein gravierender Unterschied zum christlichen Glaubensverständnis. 1982 erfolgte deswegen auch eine offizielle Stellungnahme von Bischof Henrik Christensen aus Aalborg (Dänemark), in der er Mitglieder von Scientology aus der Evangelischen Landeskirche ausschloß. So wie die Wiedertaufe den Ausschluß aus der Kirche bedeute, so gelte das auch für die neuen religiösen Bewegungen. Den Betroffenen soll die Möglichkeit gegeben werden, ihren Entschluß zu überdenken und die neuen Religionen zu verlassen, wenn ihnen die Volkskirche wichtiger sei, hieß es in diesem Text.[47]

Insgesamt hat Religion im Komplex Scientology eine nur untergeordnete Bedeutung, sie ist „sozusagen Spurenelement, keineswegs aber zentraler Mittelpunkt oder gar das den Scientologen letztlich bestimmende Ziel."[48] Oder anders gesagt: Die religiösen Elemente sind hier so in eine käuflich erwerbbare Kunsttechnologie integriert, daß das wirtschaftliche Unternehmen die Religon weitgehend überlagert. Dies entspricht dem inneren Gefüge von Scientology, wonach alles, auch das Glück und Heil des Menschen, letztlich handhabbar ist. So zeigt sich das Streben nach Macht als der innerste Kern dieser „Religion" ...

Anmerkungen

[1] L. Ron Hubbard, Executive Directive 214, zit. in: Telex von Executive Director International 18. 1. 1991.

[2] L. Ron Hubbard, Das Handbuch für den Ehrenamtlichen Geistlichen, Kopenhagen 1983, LXIII (weiter zitiert als „Handbuch").

[3] Handbuch, LXVI.

[4] Church of Scientology of California, Der Hintergrund und die Zeremonien der Scientology Kirche, o. O. 1973 (USA 1959), 4.

[5] J. G. Foster, Enquiry into the Practice and Effects of Scientology – Return to an Order of the Honorable The House of Commons dated 20th December 1971 for –, London o. J., 29.

[6] Handbuch, 719.

[7] Church of Scientology, Hintergrund und Zeremonien, 25.

[8] F.-W. Haack, Scientology – Magie des 20. Jahrhunderts, München 1982, 40.

[9] Handbuch, XIII.

[10] Scientology Kirche Deutschland, „Wir von der Kirche glauben" – Glaube und religiöses Brauchtum der Scientology Kirche Deutschland, München 1973, 4.

[11] Handbuch, XI.

[12] Vgl. Advance Nr. 95.

[13] Auditor, Sept. 1977, 5.

[14] L. Ron Hubbard, Have You Lived Before This Life? London 1958, 308.

[15] Vgl. Benoytosh Bhattachryya, The Indian Buddhist Iconography, Calcutta ²1958.
[16] Church of Scientology, Hintergrund und Zeremonien, 19.
[17] Handbuch, XI.
[18] Scientology Kirche Hamburg, Was ist Scientology? Hamburg o. J., 7.
[19] Handbuch, 220.
[20] Scientology Kirche Deutschland Guardians (sic!), Die Unentbehrlichkeit von Scientology, o. O. 1976, 24 und 22.
[21] Church of Scientology, Hintergrund und Zeremonien, 57.
[22] Scientology Kirche Deutschland, Glaube und religiöses Brauchtum, 9.
[23] Church of Scientology, Hintergrund und Zeremonien, 47.
[24] Ebda.
[25] Ebda.
[26] Handbuch, 727.
[27] The Church of Scientology, Toward Peace on Earth, o. O., o. J., 29.
[28] Werbematerial.
[29] Handbuch, 673.
[30] Werbematerial.
[31] Handbuch, LXI.
[32] Handbuch, 38.
[33] Vgl. Antrag auf Verleihung der Mitgliedschaft in der kirchlichen Ordensgemeinschaft, 1989.
[34] Anstellungsvertrag der Sea Organization, 1988.
[35] Handbuch, 93.
[36] Ebda. 102.
[37] Ebda. 105.
[38] Ebda. 433.
[39] HCO Policy Letter 16. 10. 1967.
[40] Aktion Bildungsinformation, Eidesstattliche Versicherungen, Stuttgart 1980, 172 ff.
[41] L. Ron Hubbard, Haben Sie vor diesem Leben gelebt? Kopenhagen 1979, 55.
[42] Advance, Nr. 40, Mai/Juni 1976, 4.
[43] Reinhart Hummel, „Der Tod ist eine technische Angelegenheit". L. Ron Hubbards scientologische Reinkarnationsvorstellung, in: Materialdienst der Evangelischen Zentralstelle für Weltanschauungsfragen 54 (1991), 329.
[44] Ebda. 329.
[45] L. Ron Hubbard, Einführung in die Ethik der Scientology, Kopenhagen 1989, 73.
[46] Hummel, in: Materialdienst 1991, 330.
[47] Vgl. F.-W. Haack, Scientology – Magie des 20. Jahrhunderts, München 1982, 298 f.
[48] VG Darmstadt, Urteil v. 26. 8. 1982, 25, zit. in: R. B. Abel u. a., Die Rechtsprechung zu Neueren Glaubensgemeinschaften, Krefeld 1991, 130.

Das Menschenbild von Scientology*

von Hans Michael Baumgartner

Der anthropologische Dualismus und das Gesamtweltverständnis

Aus der Sicht der Scientologen ist die Welt zum Untergang verurteilt. Ihrem Selbstverständnis nach hat Hubbard als Gründer der Scientology den einzig möglichen Weg zur Rettung der Welt gefunden. Dieser Weg besteht in einem scientologischen Training und Auditing, im Überleben der Scientology als einer geschlossenen Organisation und Kirche sowie in der Herrschaft der Scientology über den ganzen Planeten Erde. Eines der immer wiederkehrenden Stichworte in diesem Zusammenhang heißt „Clearing the planet", die „Klärung" und dadurch die Errettung des Planeten Erde.

Der Planet Erde, auf dem der Mensch lebt, muß erlöst werden, denn nur dadurch kann auch der Zustand des Universums im ganzen verbessert werden. Es wird daher ein Weg beschritten, den Untergang, insbesondere des Planeten Erde, zu verhindern. Das Universum, in dem der Mensch lebt, wird von Hubbard als ein „MEST-universe" bezeichnet: „MEST" steht für „matter", „energy", „space" und „time". Das „MEST-universe", in dem der Mensch lebt, ist das vorrangige Hinderungselement für den menschlichen Thetan, den menschlichen Geist. Der Mensch nämlich besteht aus „body" (Körper), „mind" (Verstand) und „Thetan" (als eine Art Geist-Seele). Der „body" gehört dem MEST-Universum an und unterliegt voll den Bestimmungen von Materie, Energie, Raum und Zeit. „body" ist dabei gedacht als eine Behausung für den Thetan, die dieser als Geist angenommen hat, nach seinem Tod verläßt und nach dem Ableben in einer späteren Inkarnation wieder annehmen kann. Mit anderen Worten: In das raum- und zeit-, materie- und energiebestimmte Universum ist der Geist eingekörpert; er kann sich aber von ihm befreien und dieses „MEST-universe" hinter sich lassen.

Damit ist – so könnte man zusammenfassend vergleichen – eine Weltanschauung formuliert, die philosophisch aus den gnostischen und manichäischen Welt- und Kosmoslehren der Antike bekannt ist.

Der „body" ist nur eine Behausung, die der „Thetan", der Geist, angenommen hat und wieder annehmen wird. Der „mind", das zweite Bestimmungsstück des Menschen, ist Werkzeug des „Thetans" im Hinblick auf den Körper. Er nimmt also eine vermittelnde Stellung zwischen Geist und Körper ein. Er selber als Werkzeug läßt sich unterscheiden in den „positiv-analytischen Verstand" oder „mind" und in den negativ-reaktiven „mind". Der „reaktive mind" bedeutet hier gleichsam dasjenige Vermögen des Menschen, es „beim alten zu lassen". Er verhindert, daß der Mensch „clear" wird, frei wird von seinen Belastungen, von seinen Beeinträchtigungen. Der „analytische mind" hingegen ist der, der sich auf dem Wege zur „clearness" befindet. Der „reaktive mind", so kann man auch sagen, ist der Versuch des bodys zu überleben. Demgegenüber befreit der „analytische mind" den „Thetan", den Geist, zu sich selbst, so daß der Mensch als Geist-Wesen seine richtige, wahre Existenz erreichen kann, d. h. in den Zustand übergehen kann, der mit dem Ausdruck „die Brücke" beschrieben ist.

Hubbard leitet das Wort Thetan aus dem Griechischen ab. Man kann es vermutungsweise auch auf das englische „thought" beziehen, wobei Thetan dann als das Denkvermögen zu kennzeichnen wäre. Bezieht man es auf den griechischen Ausdruck „theta", dann ist es Symbol für Energie, die dem Leben oder dem Thetan eigen ist, die die Materie im MEST-Universum beweglich macht und sie verändert. Es handelt sich also um eine Art natürliche, schöpferische Energie eines Thetans. Und Thetan ist nun der Mensch als Geistwesen, der wahre Mensch, die Person selbst, nicht ihr Körper oder ihr Name und nicht das physische Universum, nicht der Verstand des Menschen oder irgend etwas anderes, sondern das, was sich bewußt ist im Menschen: sein „Bewußt-sein".

Stellt man ein solches Menschenbild in den Vergleich der philosophischen Tradition, dann muß man sehen, daß hier so etwas wie eine Zweiteilung der Welt konzipiert ist, analog zur Descarteschen Teilung der Welt in „res extensa", der Welt draußen, und „res cogitans", dem denkenden Wesen oder der Welt drinnen. Beide Welten sind nur mehr oder weniger durch einen Unglückszufall miteinander in Berührung gekommen. Es gilt also, alles zu tun, daß diese „res cogitans" sich befreit. Und wenn sie sich befreit, dann gibt es zwei Möglichkeiten: Entweder sie steht dann noch Gott gegenüber in einem Reich des Geistes. Oder sie steht nicht mehr Gott gegenüber, sondern sie ist als dieses Geistwesen selber Gott. Hier tauchen Probleme in der Interpretation der Scientology auf. Es gibt solche und solche Ansichten. Hubbard hat sie selber gelegentlich so, gelegentlich anders formuliert: Einmal heißt es, daß der Mensch eigentlich Gott sei, wenn er als Thetan lebt, und andererseits wird davon gesprochen, daß dies mit den einzelnen Religionen und ihren Gottesvorstellungen nichts zu tun habe und mit dem Begriff Thetan ein nicht religiöses, aber allen Religionen gemeinsames geistiges Prinzip formuliert würde.

Von seiten des Christentums, das den Manichäismus und Gnostizismus in seiner Geschichte abgelehnt hat, ist folgende Kritik anzubringen: Der Mensch, obwohl auch vom Christentum als ein Geistwesen gedacht, das in Verbindung mit Gott steht, kann nicht selbst Gott sein, sondern bleibt endliches Geistwesen. Die Differenz zwischen endlichem Geistwesen und absolutem Gott ist von keiner der beiden Seiten überwindbar. Scientology hat demgegenüber ein eindeutig gnostisches Menschenbild, auch wenn noch offen bleibt, ob dieses Geistwesen nun Gott ist oder nicht, denn das wahre Wesen des Menschen ist der Thetan. Demgegenüber geht das Christentum vom Menschen als einem inkorporierten Geist aus. Dies geht so weit, daß Thomas von Aquin sagt: Die wahre Auferstehung in christlicher Hinsicht kann nicht eine solche sein, wo bloß ein Geistwesen bei Gott ist, freilich kann diese körperliche Welt, so wie sie hier ist, nicht die Welt der ewigen Seligkeit sein, aber ein Moment des Körperlichen, gleichsam in abstracto gedacht, muß zu diesem Geistwesen hinzukommen, sonst bleibt es kein endliches Wesen gegenüber Gott.

Das Christentum müßte sich an dieser Stelle von Scientology strikt absetzen. Aber auch aus heutiger philosophischer Sicht und im Gefolge der Neuzeit und der analytischen Philosophie ist festzuhalten: Ein solches Verständnis des Wesens des Menschen kann nicht konsistent, d. h. begrifflich exakt und ohne Widersprüche durchgehalten werden. Denn für die gegenwärtige Philosophie ist der Mensch endlich und an den Körper gebunden. Anzufügen ist, daß es Züge in der gegenwärtigen Philosophie gibt, die der menschlichen Seele die Unsterblichkeit bestreiten. Auf keinen Fall jedoch glaubt man sich heute in der Lage, die Unsterblichkeit der Seele beweisen zu können. Nun kann man sagen, die Philosophie reicht nicht so weit, von einer unsterblichen Seele zu reden. Philosophie kann mit jenen Weltanschauungen und Religionen, die eine Unsterblichkeit behaupten, höchstens so ins Gespräch kommen, daß sie die Frage stellt: Ist das, was über den unsterblichen Menschen oder den Teil des Menschen, der unsterblich ist, verträglich mit unserem kritischen Wissen über die Welt oder nicht? Gerade aber auch, weil die heutige Philosophie sich nicht in der Lage sieht, den Menschen in irgendeiner Form als unsterblich zu erweisen, ist für sie eine gnostische Theorie der Unsterblichkeit des menschlichen Geistes unhaltbar.

Prinzip „Überleben“: die 8 Dynamiken

Auf dem Hintergrund dieses im folgenden zu erläuternden Konzepts wird die Praxis der Scientology in zwei Hauptbereichen vermittelt: als psychisches Training und als Auditing. Beide Weisen der Praxis sollen mittels der sogenannten acht Dynamiken zum Überleben befähigen.

Überleben bedeutet hier:

1. im Hinblick auf das Überleben für sich selbst, der Drang zum Überleben für sich selbst,
2. das Überleben im Hinblick auf die Nachkommenschaft, also Sexualität,
3. das Überleben im Hinblick auf die Gruppe,
4. das Überleben für die gesamte Menschheit,
5. das Überleben im Hinblick auf das Dasein des ganzen organischen Lebens der Pflanzen und Tiere,
6. das Überleben im Hinblick auf das Dasein des physischen Universums,
7. das Überleben im Hinblick auf das Dasein von geistigen Wesen, den Thetanen, und
8. das Überleben im Hinblick auf das Dasein als Unendlichkeit.

Erreicht man diese sogenannte achte Dynamik, dann ist man als Thetan selbst göttlich. Im Hinblick auf die therapeutische Praxis muß dann konsequenterweise zunächst der Ruin, der Verfallszustand eines Menschen gefunden werden, um ihm dann Hilfe (gegen Entgelt) in der Scientology anbieten zu können. Zu diesem Zweck werden Neulinge zu einem kostenlosen Persönlichkeitstest aufgefordert. Dieser Test stellt grundsätzlich ihren Negativzustand fest und endet dann zunächst in einem Verkaufsgespräch für Kurse und Bücher. Aufgabe des „public registrar" ist es dabei, Leute genügend zu interessieren, daß sie etwas kaufen und tun (Bücher und Kurse). Der Weg zur Erlösung des Thetan ist also offenkundig an ökonomische Vorbedingungen geknüpft. Es genügt also nicht mehr, sich allein mit dem theoretischen Konzept der Scientology auseinanderzusetzen. – Übrigens kennen wir aus der Geschichte der europäischen geistigen Strömungen nie eine derartige Verquickung mit einem Wirtschaftsunternehmen.

Verkauft werden vor allem Trainings, Auditing und Bücher. Es gibt Buch-Pakete, Tonbandreihen, es gibt Bücher für OTs, also für die „Operating Thetans", es gibt Ausbildungskurse, Reinigungskurse, „live-repair-Kurse" und Drogenabwehr-Behandlungskurse sowie „Schlüssel-zum-Leben-Kurse". Und es existieren im Rahmen dieses Verkaufsunternehmens Arbeitsverhältnisse in Scientology, die kritisch zu beurteilen wären im Hinblick auf die Art und Weise, wie hier Menschen rigoros in dieses Verkaufsunternehmen einbezogen werden, wie Menschen auch in gewissem Sinne unfrei gemacht und ausgebeutet werden. Die Trainings befassen sich mit Kommunikation, mit dem Lesen von Büchern, mit Arbeit mit Knetmasse, mit Demo-kit. Die Trainings sind auch Reinigungsunternehmungen, „life-repair-Versuche", das Leben zu reparieren.

Der „Weg zum Glücklichsein" als Überlebensethik

Ron Hubbard hat in einer späteren Phase ein kleines Buch veröffentlicht, das zum Thema Ethik in der Scientology gehört. Das Büchlein ist überschrieben: „Der Weg zum Glücklichsein". Es versteht sich allerdings als ein nicht-religiöser oder religions-neutraler Moralkodex, wie es im Impressum heißt. Die von Hubbard konzipierte Ethik ist dabei primär am Überleben des Menschen orientiert.

Der Zusammenhang ist folgender: Es geht um das Glücklichsein, um die wahre Freude. Dies wird zu Recht als wertvolles Gut angesehen, wenngleich es – wie einzuwenden wäre – nicht das wertvollste ist. Das Überleben ist eine notwendige Bedingung für das Glücklichsein. Als Voraussetzungen des glücklichen, am Überleben orientierten Lebens werden nun ethische Gebote, Regeln und Anweisungen aufgestellt. Man könne, so Hubbard, „mit diesem Büchlein ohne allzugroße Mühe helfen zu überleben und ein glücklicheres Leben zu führen". Das Problem liegt hier in dem „und". Alle Anweisungen, die in dem „Weg zum Glücklichsein" folgen, sind nicht Anweisungen fürs Glücklichsein, da man dies nicht erzeugen und erzwingen kann, sondern Anweisungen, die lediglich das Überleben im Blick haben. Es stimmt: Überleben ist eine notwendige Bedingung für Glück und Freude, aber keine hinreichende. Das Buch jedoch handelt ausschließlich von den

Bedingungen des Überlebens im Sinne der notwendigen Bedingungen für Glück.

Das erste, was in diesem „Weg zum Glücklichsein" in den Vordergrund gestellt wird, ist als Anweisung formuliert: 1. „Achten Sie auf sich." „Auf sich achten" heißt: „Lassen Sie sich behandeln, wenn Sie krank sind. Halten Sie Ihren Körper sauber. Halten Sie Ihre Zähne instand, ernähren Sie sich vernünftig, schlafen Sie genug." Das ist gleichsam der erste Kreis von Empfehlungen, die Bedingungen des Überlebens sind. Aber das ist noch kein ausreichender Weg zum Glück. Es ist eine Voraussetzung, um längere Zeit gesunde Zähne zu haben, um damit in Konsequenz länger zu leben. Die zweite Anweisung heißt: 2. „Seien Sie maßvoll", – eine klassische Anweisung in allen Ethiken. „Nehmen Sie keine schädlichen Drogen, genießen Sie Alkohol nicht im Übermaß". Und daraus die Konsequenz: „Wer diese beiden Punkte beherzigt, ist körperlich besser in der Lage, das Leben zu genießen." Ähnlich allgemein und intuitiv einleuchtend sind die anderen Anweisungen gehalten, nämlich „keine Promiskuität" zu treiben, treu zu sein, Kindern Liebe und Hilfe zu geben. Denn „der Weg zum Glücklichsein führt über Liebe und Hilfe für Kinder vom Säuglingsalter bis an die Schwelle des Erwachsenseins". Ferner – um nur einige Beispiele herauszugreifen – wird empfohlen, für andere ein Vorbild zu sein, sich im Leben an die Wahrheit zu halten, nicht zu morden, nichts Illegales zu tun, eine Regierung zu unterstützen, die im Interesse aller handelt; niemandem zu schaden, „der gute Absichten hat", die Umwelt zu schützen, nicht zu stehlen, den übernommenen Verpflichtungen nachzukommen und fleißig sowie kompetent zu sein.

Vor allem aber soll man erfolgreich sein. Gerade auf Erfolg wird besonders Wert gelegt, denn alle Texte Hubbards vermischen das Anliegen einer religiös orientierten Philosophie mit dem Streben wirtschaftlicher Gewinn- und Erfolgsmaximierung. Das Gute der europäischen Tradition wird also immer mit dem Geschäft in Verbindung gebracht. Das Problematische liegt natürlich in der Verbindung: Wenn sich nämlich das Geschäftsunternehmen in den Vordergrund drängt, dann ist die Gefahr sehr groß, daß der ideale Hintergrund, die Momente, die Prinzipien, die hier genannt sind, außer Acht geraten und verschwinden können.

Der „Kreuzzug 1991“

Ein Beleg für das spezifische Vorgehen der Scientology ist die „Kreuzzugsbewegung 1991“. Sie beruhte auf einem Strategie-Papier, das an die einzelnen Scientology-Organisationen in der Bundesrepublik verteilt wurde im Zusammenhang mit einer in Aussicht stehenden Anhörung eines Ausschusses des Bundestages zum Thema „Jugend, Religion und Sekten“. Das Ziel dabei war, Bundestagsabgeordnete unter Druck zu setzen.

In dem Papier eines „OT-action-committees“ mit dem Titel „Ich bin ein Scientologe. Kreuzzug 1991“ wird folgende Information ausgegeben: Es geht um flankierende Maßnahmen für eine geplante Anzeigenkampagne in Deutschland. Hierzu werden Aktionsstrategien aufgezeigt, so daß jeder der Angeschriebenen in der Lage ist, sie leicht auszuführen. Unter der Marschroute – einer Art Spiel – findet sich ein Punktekatalog für einzelne, öffentlichkeitswirksame Tätigkeiten mit dem dazu ganz unverhältnismäßigen Auftrag, eine neue Zivilisation zu schaffen und dazu einen Beitrag zu leisten. Hoher idealistischer Anspruch und die unangemessene Weise seiner Realisierung stehen dabei in krassem Widerspruch. So werden Leserbriefe als „eine der simpelsten und erfolgreichsten Aktionen“ empfohlen, „um negative Presse zu handlen“. Kann ein Leserbrief zugunsten von Scientology erfolgreich untergebracht werden, gibt es Punkte. Es sollen Hausbesuche gemacht werden, „um eine Kommunikationslinie zu etablieren und das Vakuum bezüglich Scientology zu füllen“. Dabei sollte man Fotos mitbringen, man sollte zeigen, woher man kommt, wer man ist, man soll „mehr Realität über sein eigenes Leben geben“. Wenn man es schließlich erreicht hat, jemand nach einem solchen Besuch dazu überredet zu haben, daß er der

Scientology in irgendeiner Form hilft, dann erhält man am Schluß 30 Bonuspunkte. Schlußendlich ging es darum, bei der Anhörung im Bundestag teilzunehmen. War es einem gelungen, den Ansprechpartner zu bewegen, daß er jemand offiziell zur Anhörung einlädt, erhielt man 60 Punkte.

Zusammenfassung der Kritik

1. Abgesehen von den eindeutigen philosophischen Schwachstellen ist problematisch vor allem die Verquickung von religiösem und philosophischem Anspruch auf Erlösung mit den Strategien eines rigiden Verkaufsunternehmens. Scientology muß sich entscheiden: Entweder nimmt sie den Menschen sozusagen als ein Wesen, das frei ist und sich in ein Verhältnis zu sich und zur Welt und zum Universum und zu Gott setzen soll, ernst, dann kann sie ihn aber eigentlich nicht manipulativ in ein Gesamtunternehmen des Verkaufs von Büchern und Kursen einpacken.

2. Scientology weist bedenkliche Züge auf, die man als affin zur Ideologie des Machbaren kennzeichnen muß, einer Ideologie, die heute ja doch weithin herrscht. Dies zeigt sich deutlich an Hubbards „Vermächtnis der Technologie“: Dort heißt es: „Es ist der Weg, der Sie, wenn Sie ihn rein und unverfälscht lassen, letztendlich zur weiten freien Sicht der Freiheit und Wahrheit und zu der Erhabenheit, Sie selbst zu sein, führen wird. Aber das ist nicht alles, und meine wirkliche Botschaft für Sie ist, wenn Sie die Technologie kennen, wird sie Sie beschützen. Sie müssen nicht einmal glauben, daß sie funktioniert, wenn Sie die wahre Technologie wirklich kennen, wird es niemanden in den kommenden Zeitaltern gelingen, Sie zu verletzen oder zu erniedrigen. Daher ist das Ziel nicht einfach Freiheit, man muß auch sicherstellen, daß sie gewahrt bleibt. Daher ist mein Geschenk für Sie das Vermächtnis der Technologie. Es bedeutet natürlich, daß Sie mehr tun müssen, als nur an der Technologie zu schnuppern, es bedeutet gründliches

und ernsthaftes Studium und präzise Anwendung, denn nur so wird sie in Ihrem Leben zur vollen Entfaltung kommen" (von Ron Hubbard gezeichnet am 13. März 1983).

Auffallenderweise wirbt die Scientologybewegung in ihren Werbeprospekten häufig mit Zeugnissen vor allem dreier Berufssparten: Es sind die Ingenieure, es sind Management-Direktoren und es sind Computer-Fachleute, die offensichtlich in besonderer Weise sich dadurch gut bedient fühlen. Offensichtlich ist die Anfälligkeit solcher Berufszweige besonders groß, die in ihrem Leben alles nur „ge-handled" haben. Gerade für diese Berufsgruppe scheint die Scientology eine Marktlücke anzubieten mit dem Angebot, im Kopf Stand zu gewinnen, oder – wie Hegel das sagt – „auf dem Kopf gehen zu lernen". Was die Scientology jedoch tatsächlich anbietet, ist wiederum nichts anderes als ein erfolgsorientiertes Programm, den Geist technizistisch zu „handlen".

3. Erlösung wird zur Selbsterlösung und zugleich zum Produkt dieser Technologie. Die Freiheit des Menschen ist darin so verstanden, daß sie erst als Resultat einer Manipulation erscheint. Dies ist ein Denkfehler: denn wo immer Menschen manipuliert werden, können sie nicht zur Freiheit manipuliert werden; vielmehr müssen sie aus Freiheit sich den manipulativen Bedingungen ihres Daseins stellen und sie möglicherweise im Gespräch mit anderen, in der Psychotherapie oder wie immer, aufzulösen versuchen. Das Christentum dagegen betont zu Recht die absolute Bedeutung des Menschen. Es verbietet die Manipulation, es verbietet die Antastbarkeit des eigenen Gewissens, und es hat ein anderes Verständnis des Bösen und der Erlösung. Das Böse ist nicht therapeutisch, technisch, psychologisch zu bewältigen. Wer der Meinung ist, das Böse könne technisch durch den Menschen selbst bewältigt werden, der muß darüber nachdenken, ob nicht darin schon ein Grundfehler seines Verständnisses von Bösem liegt. Wenn wir das Böse auf die genannte Weise beseitigen wollen, heißt das, in die Gefahr zu geraten, uns selber zum Absoluten zu machen. Und erzwingt nicht – so legen allbekannte Ereignisse der

Weltgeschichte nahe – ein falsches Verständnis von „Erlösung auf Erden“ so etwas wie den Terror?

4. Nicht von ungefähr ist man daher angesichts der geschilderten Praktiken der Scientology geneigt, von totalitären Zügen und gelegentlich gar faschistoidem Gedankengut zu sprechen.

Das Unternehmen „Scientology“ scheitert damit letztlich an der Inhumanität sowohl seiner eigenen Weltanschauung wie der ihm eigentümlichen Praxis.

Anmerkung

* Der hier abgedruckte Text ist die durchgesehene Fassung eines Vortrags, der am 13. Januar 1992 vor dem Münchener Hochschulkreis der Katholischen Akademie in Bayern gehalten wurde.

Was können Angehörige und Freunde tun?

von Michael Haupt

Ehemalige Mitglieder von Scientology berichten übereinstimmend, daß der erste Eindruck in einem Dianetik-Zentrum oder einer anderen Scientology-Mission durchaus positiv war. Auffallend sei die freundliche Atmosphäre, eine Art von Ungezwungenheit, die anscheinend auf zufriedene und glückliche Mitarbeiter hinweist.

In einem Ehemaligenbericht heißt es: „Ein paar Leute waren dabei, deren Mienen und Verhaltensweisen großen Eindruck auf mich machten. Sie strahlten tiefes inneres Glück und seelische Freude aus. Dabei waren sie nicht irgendwie abwesend. Ihre Augen strahlten Tatkraft, bewußtes Erleben, Ehrlichkeit, Vertrauen, Verständnis und Freundlichkeit zugleich aus".[1] So wird der Testperson von Anfang an der Eindruck einer zufriedenen Umwelt suggeriert. Letztlich soll dies aber nur zu einem erfolgreichen Verkaufsgespräch führen, denn in dieser „angenehmen" Atmosphäre ist eher die Bereitschaft vorhanden, ein Buch zu kaufen oder das kostenlose Probe-Auditing zu absolvieren.

Bereits an diesem Punkt stellt sich die Frage: Was können Angehörige und Freunde tun? Von Anfang an wird Neu-Scientologen klar gemacht, sie gehörten nun zu den wenigen Menschen, die noch zu Lebzeiten höhere Bewußtseinszustände erreichen können, um ein neues Selbst, ein neues Leben und eine neue Welt zu schaffen. „Die Daten in den Scientology-Ausbildungskursen sind die wichtigsten in diesem und irgendeinem anderen Universum ... Eine ausgebildete Person kann Ursache sein über das Leben, das Denken und kann andere Menschen leiten. Sie steht tatsächlich an der Spitze einer neuen Zivilisation. Ein ausgebildeter Scientologe ist nicht nur einfach ein fähiges Wesen, sondern gehört zur auserwählten

Gruppe von Wesen, die über den Weg verfügt, um die Abwärtsspirale umzukehren".[2]

Zu einer ganz anderen Einschätzung kommt allerdings der ehemalige Direktor der Psychiatrischen Poliklinik im Universitätsspital Zürich, Prof. Dr. med. Hans Kind, in seinem 1989 erstellten Gutachten über Scientology. Dort heißt es u. a.: „Den Anhängern wird also suggeriert, sie könnten menschliche Vollkommenheit erreichen mit bisher ungeahnten geistigen und intellektuellen Fähigkeiten als ‚geistiges Wesen', das unabhängig von den Gesetzen des physikalischen Universums wirkt und handelt, wenn sie nur Kurse absolvierten ... Wenn es so wäre, würden die Erfolge der Scientology für sich sprechen und sie wäre nicht gezwungen, zu so fragwürdigen und ausbeuterischen Methoden zu greifen, ..."[3]

Schließt sich also jemand Scientology an, entweder nur als Kursteilnehmer oder als hauptamtlicher Mitarbeiter, ist es für die Angehörigen und Freunde sehr schwierig, Überzeugungsarbeit zu leisten, da Scientologen von ihrer elitären Weltverbesserungsmentalität überzeugt sind. Eine weitere Besonderheit bei Scientology ist das ständige Schreiben von Erfolgsberichten. In jeder Situation – während der Ausbildung, nach Kursabschnitten oder Abschluß eines Kurses – müssen diese Berichte verfaßt werden. So muß aufgeschrieben werden, ob man sich gut fühlt, ob und welche Gewinne gemacht wurden oder ein anderes Ziel erreicht wurde.

Erschwerend kommt hinzu, daß bis zur Investition der ersten hundert oder tausend DM in der Regel Angehörige nicht erfahren, daß der oder die Betreffende bei Scientology Kurse belegt hat. Diese Taktik wird bewußt benutzt, um zu verhindern, daß Neu-Scientologen vorschnell die „Brücke zur völligen Freiheit", also das Kurssystem, verlassen, um von Angehörigen, Freunden, kirchlichen oder staatlichen Beauftragten für Sekten und Weltanschauungsfragen über die wahren Ziele von Scientology aufgeklärt zu werden.

Überhaupt ändert sich mit dem Eintritt in Scientology in der Regel das Familienverhältnis radikal. Bei einer vom Autor durchgeführten Fragebogenaktion mit Ehemaligen und deren

Angehörigen wurden auf die Frage: „Wie läßt sich das Verhältnis zu Ihrem/Ihren Angehörigen nach dessen/deren Eintritt bei Scientology beschreiben?" u. a. geantwortet:

- „Jeglicher Kontakt wurde abgebrochen".
- „Nach und nach ein negatives gespanntes Verhältnis, weil ... sie immer wieder versuchte, uns einzufangen ..."
- „F. stand vollkommen unter dem Einfluß der Org. Kontakte wurden immer seltener, brachen dann für ein Jahr ganz ab".
- „Ich hatte nicht gemerkt, daß mein Angehöriger der Scientology beigetreten war. Als ich den Kontakt bemerkte, haben wir über Scientology geredet. Die Vertrauensbasis war erschüttert".
- „Es verschlechterte sich, weil wir als Eltern dagegen waren und versuchten, ihn mit Material gegen Scientology zu überzeugen ... Als Mutter war ich plötzlich eine Feindin für ihn".

Für ein Gespräch mit Betroffenen, die sich noch nicht endgültig Scientology angeschlossen haben, können folgende Ratschläge hilfreich sein:

- „Die meisten Familienmitglieder fühlen sich für die Mitgliedschaft eines Angehörigen in einer Sekte schuldig und schämen sich dafür. Diese Schuldgefühle sind zumeist eines der größten Hindernisse in der Absicht, das Problem zielorientiert und erfolgreich anzugehen.
- Versuchen Sie nicht überzureagieren. Mit Aggressivität kommen Sie niemals gegen ein Sektenmitglied an.
- Gehen Sie die Argumentation nicht konfrontativ oder herablassend an. Ebenso hat eine vereinfachte Diskussion keinen Einfluß auf jemanden, der unter dem Einfluß von Sekten steht.
- Werden Sie niemals aggressiv gegenüber dem Sektenmitglied, und geben Sie ihm nicht die Schuld dafür, daß er zum Opfer wurde. Gehen Sie gegen die Sekte vor, nicht gegen das Opfer".[4]

Unerläßlich ist es aber für Angehörige, sich eingehend über Scientology sowie deren Tarn- und Unterorganisationen zu informieren. Eine sachliche und grundlegende Information über

Ziele, Inhalte und Methoden der Bewegung ist absolut vorrangig.

Ist eine Lösung von Scientology überhaupt noch möglich?

Hinreichend sind Fälle bekannt, bei denen Scientologen jeglichen Kontakt zum Elternhaus, zur Familie und auch zum Ehepartner abgebrochen haben. Bedingt durch das Ethiksystem von Scientology sind neue Mitglieder dazu angehalten, unter Umständen auch die eigene Familie als Gegner zu definieren. Brief- und Telefonkontakte werden bewußt unterbunden, auch wurden schon sogenannte Trennungsbescheide ausgestellt, mit denen der Familie mitgeteilt wird, man wolle mit ihr nichts mehr zu tun haben. So ist gelegentlich der Abbruch der Kontakte zu Familie, Eltern, Ehepartner oder Kindern vorprogrammiert. Über eigene Führungsanweisungen (z. B. „Richtlinien über Schwierigkeitsquellen", HCO Policy Letter vom 7. Mai 1969) wird das neue Mitglied psychisch so unter Druck gesetzt, daß ihm letztlich nichts anderes übrigbleibt als seine Familie zu verleugnen. So heißt es im genannten „Richtlinienbrief": „Zusammenfassend ist zu unruhestiftenden Personen zu sagen, daß die allgemeinen Richtlinien dahin gehen, die Kommunikationslinie abzubrechen, da uns um so mehr Schwierigkeiten daraus entstehen, je länger sie aufrechterhalten wird ..."[5] Noch direkter wird es in einer anderen Führungsanweisung ausgedrückt: „Wenn das Abbrechen (Anm. d. Vf: der Verbindung zur Familie) tatsächlich erforderlich ist, so ist das sehr häufig ausreichend, um den PTS-Zustand (Anm. d. Vf: PTS = Potential Trouble Source = Möglicher Ärgernisverursacher) zu handhaben ... Wenn sich die Person (Anm. d. Vf: der Scientologe) nach einem PTS-Rundown gut fühlt, die Leute, die ihn unterdrücken, aber immer noch Schwierigkeiten bereiten, dann muß der Ethik-Offizier verlangen, daß die PTS-Person einen Unterdrückte-Person-Rundown bekommt ..."[6]

Das Loslösen von Scientology ist oft schwieriger und langwieriger als bei anderen Organisationen. Fachleute raten deshalb:

- Zeigen Sie Verständnis dafür, daß ein Mensch auf dem Weg, vollkommener zu werden, neue Ideen aufgreift, daß aber eine Gruppe, die ihn durch ihren Absolutheitsanspruch und ihre Kritikfeindlichkeit bindet, nicht akzeptiert werden kann.
- Denken Sie immer daran, daß Ihr Familienmitglied von der häuslichen Umgebung geprägt ist, die auf Dauer von keiner noch so „guten" Technologie ausgelöscht werden kann.
- Lassen Sie nach Möglichkeit nicht den Kontakt zum neuen Gruppenmitglied abbrechen, auch wenn Ihnen der Abbruch seitens der Gruppe schriftlich mitgeteilt wird.
- Bringen Sie den Betroffenen mit einem fachkundigen Berater in Verbindung.
- Lassen Sie sich nicht von der Bewegung „werben" durch Einladungen ins Dianetik-Zentrum oder zu einem kostenlosen Test oder Probe-Auditing.
- Ermöglichen Sie auf keinen Fall eine finanzielle Unterstützung.
- Halten Sie selbst mit einer Beratungsstelle bzw. mit einer Elterninitiative Kontakt.
- Bedenken Sie vor allem, daß noch andere Familienmitglieder und Freunde Sie und Ihre Zuwendung brauchen.
- Bleiben Sie bei Ihrer Einstellung und seien Sie offensiv. Lassen Sie sich nicht beeindrucken durch das selbstbewußte Auftreten von Scientologen.
- Versuchen Sie, in der Auseinandersetzung mit einem Scientology-Mitglied durch Fragen zu überzeugen.

Zur Loslösung bzw. zum Austritt heißt es im Bericht der Bundesregierung zu Jugendreligionen in der Bundesrepublik Deutschland von 1980: „Die Jugendreligionen setzen eine neue Bestimmung und Interpretation der Wirklichkeit, erklären die frühere Welt und Erlebniswerte ihres Mitglieds für minderwertig ... Dies aber bringt beim evtl. Ausscheiden ehemaliger Mitglieder große Schwierigkeiten mit sich."[7] Diese Schwierigkeiten würden dadurch verstärkt, „daß einige der Sekten ihren ausgetretenen Mitgliedern mehr oder weniger offen Nachteile androhen bis hin zum Verlust des Seelenheils.

Häufig kommt es zu massivem Schulderleben".[8] So heißt es in einer dem Autor vorliegenden Scientology-Ausschlußerklärung gegen ein ehemaliges Mitglied:

„Hiermit wird (Name bekannt) der Zustand ENEMY zugewiesen. ... hat sich heute gegen Scientology entschieden und will dieser Gruppe nicht mehr angehören. Diese Entscheidung macht ihn zu einem Feind unserer Gruppe. Ein SP-Declare ist beantragt."

So können auch im Umgang mit Ex-Mitgliedern folgende Probleme auftreten:

- Bedingt durch eine Mitgliedschaft können nach dem Austritt Schuldgefühle auftreten, andere für Scientology angeworben zu haben – vielleicht sogar Familienmitglieder, die nach dem eigenen Austritt bei Scientology bleiben.
- Gelegentlich Angstgefühle, Mitgliedern der Bewegung zu begegnen.
- Angst vor den Ankündigungen oder Prophezeiungen der Bewegung gegenüber dem ehemaligen Mitglied.
- Möglicherweise anstehende juristische Auseinandersetzungen mit Scientology, die zum Beispiel die Rückzahlung von Kursgebühren betreffen können.

Versuch eines Fazits:

Oft wird die Frage gestellt, wie es möglich ist, daß sich zumeist jüngere Menschen, junge Erwachsene auf diese Art von Versprechungen und Praktiken wie Scientology einlassen. Durchaus anzustreben ist ja, sich zu verbessern, bessere Kommunikation betreiben zu können, berufliche und familiäre Erfolge verzeichnen zu können.

Scientology propagiert diese und weitere Ziele. So verwundert es nicht, wenn am Anfang einer „scientologischen Laufbahn" das Gefühl vorherrscht, sich besser zu fühlen, selbstbewußter geworden zu sein. Es sei eine überwältigende Erfahrung gewesen, mehr über sich und sein Leben erfahren zu haben.

Scientology hat seit einigen Jahren auf ihre Fahnen geschrieben: Expansion. Sieht man sich die Entwicklung in den alten, aber auch bereits in den neuen Bundesländern an, die Verflechtungen von Scientology in Politik und Wirtschaft, so muß doch gesagt werden: Scientology expandiert.

Allerdings haben viele zu spät erkannt, daß diese „Kirche" nicht zur geistigen Freiheit verhilft, sondern eher im Gegenteil Persönlichkeiten und auch Familien zerstört. Die Verantwortlichen von Scientology sollten sich schon fragen lassen, woran eine Kirche, die ja die „Church of Scientology International" mit ihren vielen Tarn- und Unterorganisationen sein will, definiert wird: Als eine Gemeinschaft, die sich um die Armen, die Unterdrückten, die Behinderten kümmert, um die Menschen, die auf der Schattenseite des Lebens stehen. Oder ob Kirche eine Gemeinschaft ist, die ihre Kritiker als Kriminelle, als Gottlose bezeichnet, eine Gemeinschaft, die Trennungsbescheide verschickt und ihre Anhänger mit unhaltbaren Heilsversprechungen abhängig macht.

In einem Artikel vom 5. November 1991 kommt die Zeitschrift „Ärztliche Praxis" zu dem Ergebnis, Scientology sei ein gnadenloses Geschäft mit der Angst. Die Methoden seien Psychoterror, Nötigung, Wucher und Betrug, das Ziel: totale Abhängigkeit der Anhänger.[9]

Anmerkungen

[1] Erfahrungen mit Dianetik und Scientology, Wien o. J. (Sonderheft der Werkmappe Sekten, religiöse Sondergemeinschaften, Weltanschauungen), 16.

[2] CSI (= Church of Scientology International), Die Brücke zur völligen Freiheit. o.O. 1991, 30.

[3] Nichtveröffentlichtes Gutachten von Hans Kind, Zürich, 3. 3. 1989, 16.

[4] Junge Union Nordwürttemberg, Scientology Church – Darstellung der Praktiken einer „Religionsgemeinschaft", Stuttgart 1992, 37.

[5] HCO Policy Letter 7. 5. 1969, 3.

[6] HCO Policy Letter 20. 10. 1981 R.

[7] Bericht der Bundesregierung, Jugendreligionen in der Bundesrepublik Deutschland, Bonn 1980, 13.

[8] Ebda.

[9] E. Plöntzke, Gnadenloses Geschäft mit der Angst, in: Ärztliche Praxis 5. 11. 1991, 32ff.

Beratungsstellen

Berlin: Pater Klaus Funke OP, Dominikanerkloster St. Paulus, Oldenburger Str. 46, 10551 Berlin, Tel.: (030) 3957097 (kath.)

Pfarrer Thomas Gandow, Heimat 27, 14165 Berlin, Tel.: (030) 8157040 (ev.)

Eltern- und Betroffeneninitiative gegen psychische Abhängigkeit Berlin e. V.: Mommsenstr. 19, 10629 Berlin, Tel.: (030) 3249575

Christian Wroblewski, Ordinariat, DO-1086 Berlin, Tel.: (030) 2000946 (kath.)

Frankfurt/Oder: Dr. Wolfgang Brummet, Franz-Mehring-Str. 4, 15230 Frankfurt/Oder, Tel.: (0335) 322769 (kath.)

Hamburg: Pastor i. R. Alfred Springfeld, Brookdeich 230b, 21029 Hamburg, Tel.: (040) 7207788 (ev.)

Greifswald: Evangelisches Konsistorium, Bahnhofstr. 35/36, 17489 Greifswald, Tel.: (03834) 5261 (ev.)

Lübeck: Elterninitiative in Hamburg und Schleswig-Holstein zur Hilfe gegen seelische Abhängigkeit und Mißbrauch der Religion e. V.: Pastor D. Bendrath, Brahmsstr. 20f, 23556 Lübeck, Tel.: (0451) 44786.

Nordelbien: Pastor Detlef Bendrath, Brahmsstr. 20f, 23556 Lübeck, Tel.: (0451) 44786 (ev.)

Schwerin: Michael Sobania, Schloßstr. 20, 19053 Schwerin, Tel. u. Fax: (0385) 864463 (kath.)

Mecklenburg: Oberkirchenrat, Münzstr. 8, 19055 Schwerin, Tel.: (0385) 864165 (ev.)

Dresden: Pfr. Eckehart Zieglschmid, An der Heilandskirche 1, 01157 Dresden, Tel.: (0351) 436450

Pirna: Kpl. Gerald Kluge, Dr.-Wilhelm-Külz-Straße 43, 01796 Pirna, Tel.: (03501) 34161 (kath.)

Bremen: Pastor Helmut Langel, Heymelstr. 35, 28359 Bremen, Tel. (0421) 231991 (ev.)

Oldenburg: Pfr. Rainer Schumann, Wilhelmstr. 27, 26121 Oldenburg, Tel.: (0441) 26854. (ev.)

Nordwestdeutschland, Evang.-reform. Kirche: Landeskirchenrat, Saarstr. 6, 26789 Leer, Tel.: (0491) 8030

Hannover: Pastor Wilhelm Knackstedt, Archivstr. 3, 30169 Hannover, Tel.: (0511) 1241–452 und 414 (ev.)

Niedersächsische Elterninitiative gegen Mißbrauch der Religion: Pastor Wilhelm Knackstedt, Archivstr. 1, 30169 Hannover

Hildesheim: Bischöfliches Ordinariat, Domhof 18–21, 31134 Hildesheim, Tel.: (0 51 21) 30 72 36. (kath.)
Braunschweig: Pastor M. Meitzner, Godehardistr. 1, 38159 Vechhelde OT Bodenstadt, Tel.: (0 53 02) 10 40 (ev.)
Kurhessen-Waldeck: Pfr. Eduard Trenkel, Haus der Kirche, Wilhelmshöher Allee 330, 34131 Kassel, Tel.: (05 61) 30 83–2 43
Rheinland: Pastor Joachim Keden, Volksmission. Amt, Rochusstr. 44, 40479 Düsseldorf, Tel.: (02 11) 36 10–2 46 (ev.)
Düsseldorf: Aktion Psychokultgefahren (APG), Ellerstr. 101, 40227 Düsseldorf, Tel.: (02 11) 72 10 66
Sachsen-Anhalt: Theol. Fakultät der Universität, Universitätsplatz 1, 06108 Halle (Saale), Tel.: (03 45) 83 24 64 und 83 24 09
Essen: Klaus Gerhards, Postfach 1428, 45014 Essen, Tel.: (02 01) 2 20 42 55 (kath.)
Münster: Georg Bienemann, Salzstr. 8, 48143 Münster, Tel.: (02 51) 5 40 27 (kath.)
Franz-Thomas Sonka, Rosenstraße 16, 48143 Münster, Tel.: (02 51) 49 54 74 (kath.)
Osnabrück: Franz-Josef Tenambergen, Domhof 12, 49074 Osnabrück, Tel.: (05 41) 31 82 54 / 2 21 (kath.)
Hamm: Dipl. theol. Harald Baer, Haus Hoheneck, Jägerallee 5, 59071 Hamm, Tel.: (0 23 81) 87 68 (kath.)
Paderborn: OStR Roland Gottwald, Elternbildungsreferent, Domplatz 3, 33098 Paderborn, Tel.: (0 52 51) 20 74 18 (kath.)
Herford: Arbeitskreis Sekten e. V. Herford: Karin Paetow, Auf der Freiheit 25, 32052 Herford, Tel.: (0 52 21) 5 53 30
Lippe: Pfarrer Klaus Fitzner, Paulsenstr. 7, 32825 Blomberg, Tel.: (0 52 35) 73 08 (ev.)
Köln: Werner Höbsch, Marzellenstr. 32, 50668 Köln, Tel.: (02 21) 1 64 23 13 (kath.)
Evamaria Wernze, Steinweg 12, 50667 Köln, Tel.: (02 21) 23 32 12 (kath.)
Leverkusen: Elterninitiative zur Wahrung der geistigen Freiheit e. V.: U. Zöpel, Geschw.-Scholl-Str. 58, 51377 Leverkusen, Tel.: (02 14) 5 83 72
Aachen: Dr. Hermann-Josef Beckers / Herbert Busch, Klosterplatz 7, 52062 Aachen, Tel.: (02 41) 45 24 19 (kath.)
Bonn: Dipl. theol. Hans Gasper, Zentralstelle Pastoral der Deutschen Bischofskonferenz, Kaiserstr. 163, 53113 Bonn, Tel.: (02 28) 10 32 30
Aktion für Geistige und Psychische Freiheit (AGPF), Graurheindorfer Str. 15, 53111 Bonn, Tel.: (02 28) 63 15 47
Trier: Hans Neusius, Referat für Weltanschauungs- und Sektenfragen, Bischöfl. Generalvikariat Trier, Hinter dem Dom 6, 54290 Trier, Tel.: (06 51) 7 10 55 26 (kath.)
Westfalen: Pastor Dr. Rüdiger Hauth, Röhrchenstr. 10, 58452 Witten/Ruhr, Tel.: (0 23 02) 1 36 11 (ev.)
Thüringen: Kirchenrat Dr. Friedrich Büchner, Karolinenstr. 8, 99817 Eisenach, Tel.: (03 91) 7 66 49

Frankfurt/Main: Arbeitsstelle für Religions- und Weltanschauungsfragen: K.-H. Eimuth, Saalgasse 15, 60311 Frankfurt, Tel.: (069) 285502

Limburg: Referat für Weltanschauungsfragen, Dipl. theol. Ludwig Lemhöfer, Eschenheimer Anlage 21, 60318 Frankfurt/Main, Tel.: (069) 1501149 (kath.)

Fulda: Bischöfliches Ordinariat, Paulustor 5, 36037 Fulda, Tel.: (0661) 87463 (kath.)

Hessen und Nassau: Pfr. Bodo Leinberger, Wilhelm-Leuschner-Str. 15, 63654 Büdingen, Tel.: (06041) 1843 (ev.)

Mainz: Dipl. theol. Eckhard Türk, Grebenstr. 24–26, 55116 Mainz, Tel.: (06131) 253284 (kath.)

Pfalz: Pfr. Dr. Werner Sonn, Josefstaler Str. 7, 66386 St. Ingbert, Tel.: (06894) 35767 (ev.)

Speyer: Christoph Bussen, Kleine Pfaffengasse 16, 67346 Speyer, Tel.: (06232) 102218 (Bischöfl. Jugendamt) (kath.)

Dresden-Meissen: Matthias Holluba, Peterssteinweg 17/II, 04107 Leipzig, Tel.: (0341) 31039 (kath.)

Württemberg: Pfr. Dr. Klaus Bannach und Pfr. Walter Schmidt, Gymnasiumstr. 36, 70174 Stuttgart, Tel.: (0711) 2068–236 (Dr. Bannach) und 276 (Dr. Schmidt) (ev.)

Evangelische Zentralstelle für Weltanschauungsfragen, Hölderlinplatz 2 A, 70174 Stuttgart, Tel.: (0711) 2262281

Rottenburg–Stuttgart: Dr. Wolfgang Rödl / Dipl. theol. Susanne Beul, Obere Gasse 5, Postfach 9, 72101 Rottenburg, Tel.: (07472) 169419 (kath.)

Baden: Evangelische Akademie Baden, z. Hd. 35/We, Postfach 2269, 76010 Karlsruhe, Tel.: (0721) 147298

Freiburg: Dipl. theol. Albert Lampe, Okenstr. 15, 79108 Freiburg/Brsg., Tel.: (0761) 514436 (kath.)

München: Dr. Wolfgang Behnk, Marsstr. 22/3, 80335 München, Tel.: (089) 55980440

Dipl. theol. Hans Liebl, Dachauer Str. 5, 80335 München, Tel.: (089) 2137417 (kath.)

Passau: Dipl. theol. Martin Göth, Luragogasse 2, 94032 Passau, Tel.: (0851) 393366 (kath.)

Regensburg: Dipl. theol. Hans Rückerl, Roritzerstr. 12, 93047 Regensburg, Tel.: (0941) 5681263 (kath.)

Nürnberg: Pfr. Bernhard Wolf, Neuendettelsauer Str. 4, 90449 Nürnberg, Tel.: (0911) 678578 (ev.)

Eichstätt: Dipl. theol. Ludwig Lanzhammer, Obstmarkt 28, 90403 Nürnberg, Tel.: (0911) 204337 (kath.)

Bamberg: OStR Matthias Rehrl, Arthur-Landgraf-Str. 33, 96049 Bamberg, Tel.: (0951) 54450 (kath.)

Würzburg: Franz Graf von Magnis, St. Kilianshaus, Postfach 349, 97030 Würzburg, Tel.: (0931) 56610 (kath.)

Augsburg: Dipl. theol. Hubert Kohle, Kappelberg 1, 86150 Augsburg, Tel.: (0821) 3152274 (kath.)

Görlitzer Kirchengebiet (Schlesien): Evangelisches Konsistorium, Berliner Str. 62, 02826 Görlitz, Tel.: (0 35 81) 54 12 (ev.)

Österreich

Burgenland: Ev. Pfarramt A. B., St. Rochus-Str. 1, 7000 Eisenstadt, Tel.: (0 26 82) 24 51
Pastoralamt, St. Rochus-Str. 21, 7000 Eisenstadt, Tel.: (0 26 82) 25 25 / 242 (kath.)

Kärnten: Pfarrer Mag. Johannes Spitzer, Rudolf-Kattnigg-Straße 10/8, 9500 Villach, Tel.: (0 42 42) 2 92 66 (ev.)
Dr. Josef Till / Mag. Simon Certov, Rudolfsbahngürtel 2, 9020 Klagenfurt, Tel.: (04 63) 51 18 03 (kath.)

Niederösterreich: Ev. Arbeitskreis „Jugendsekten", Pfarrer Mag. Herbert Graeser, Hoßstraße 20, 3100 St. Pölten, Tel.: (0 27 42) 5 30 93 (ev.)
Dr. Manfred Wohlfahrt, Klostergasse 15–17, 3100 St. Pölten, Tel.: (0 27 42) 5 45 51 / 372 (kath.)

Oberösterreich: OStR. Prof. Otto Weidinger, Kapuzinerstr. 84, 4021 Linz, Tel.: (07 32) 76 10/2 95 (kath.)

Salzburg: Dr. Stefan Djundja, Kapitelplatz 6, 5020 Salzburg, Tel.: (06 62) 84 25 91 / 1 67 (kath.)

Steiermark: Pfr. Karin Engele, Grabenstr. 59, 8010 Graz, Tel.: (03 16) 68 35 92 (ev.)
Dr. Anton Gölles, Bischofsplatz 4, 8010 Graz, Tel.: (03 16) 80 41 / 279 (kath.)

Tirol: Mag. Wolfgang Mischitz, Wilhelm-Greil-Str. 7, 6021 Innsbruck, Tel.: (05 12) 5 98 47 / 41 (kath.)
Pfarrer Mag. Willi Thaler, Ölberg 6, 6370 Kitzbühel, Tel.: (0 53 56) 44 04

Vorarlberg: Br. Franz Schönberger FSC, Carinagasse 11, 6800 Feldkirch, Tel.: (0 55 22) 7 66 39 (kath.)

Wien: Pfarrer Mag. Sepp Lagger, Thaliastraße 156, 1160 Wien, Tel.: (02 22) 46 52 97 (ev.)
Dr. Friederike Valentin, Stephansplatz 6/VI/56, 1010 Wien, Tel.: (02 22) 5 15 52 / 367 (kath.)
Gesellschaft gegen Sekten- und Kultgefahren, 1020 Wien, Obere Augartenstr. 26–28, Tel.: (02 22) 33 75 37

Schweiz

Aarau: Jugendseelsorge, Feerstr. 8, 5000 Aarau, Tel.: (064) 228606 (kath.)
Appenzell: Pfr. Walter Frei, Obersdorf 32, 9055 Bühler, Tel.: (071) 931763 (ev.)
Bern: Antoinette Brehm, Jugendseelsorge, Rainmattstr. 18, 3014 Bern, Tel.: (031) 257747 (kath.)
Pfr. Franz Liechti, Lindenstraße, 3367 Thöringen, Tel.: (063) 611683 (ev.)
Pfr. Dr. Bernhard + Susanne Rothen, 3770 Zweisimmen, Tel.: (034) 711426 (ev.)
Pfr. Walter Wieland, Lützelflühstraße, 3452 Grünenmatt, Tel.: (034) 711118 (ev.)
Fribourg: Arbeitsstelle für Jugendseelsorge Burgbühl, 1713 St. Antoni, Tel.: (037) 351124 (kath.)
Glarus: Pfr. Dr. Kurt Staub, 8874 Mühlehorn, Tel.: (058) 321338 (ev.)
Graubünden: Dr. Giosch Albrecht, Beratungsstelle für Ehe-, Familien- und Lebensfragen, Plessurquai 53, 7000 Chur, Tel.: (081) 220880 (kath.)
Pfr. Peter Rudolf, 7278 Davos Monstein Gr, Tel.: (081) 491156 (ev.)
Luzern: Pfr. Martin Scheidegger, Ökumenische Sektenberatungsstelle, Matthofring 4, Postfach 3907, 6005 Luzern, Tel.: (041) 447819, Präsenzzeit: Montag/Mittwoch
Schaffhausen: Dr. Joachim Finger, Hohenstoffelstr. 20, 8200 Schaffhausen, Tel.: (053) 244143 (ev.)
Schwyz: Christian Betschart, Missionshaus Bethlehem, 6405 Immensee, Tel.: (041) 815181 (kath.)
St. Gallen: Niklaus Knecht-Fatzer, Ehe- und Familienseelsorge, Grütliweg 5, 9000 St. Gallen, Tel.: (071) 354005
Ökumenische Arbeitsgruppe „Neue religiöse Bewegungen der Schweizer Bischofskonferenz und des Schweizerischen Evangelischen Kirchenbundes" Wiesenstr. 2, 9436 Balgach, Tel.: (071) 723317
Armin Völkle, Fröbelstr. 12, 9500 Wil, Tel.: (073) 232494 oder Lommiserstr. 6, Tel.: (054) 512475 (kath.)
Tessin: Don Giovanni Maria Colombo, Via S. Gottardo 58, 6500 Bellizona, Tel.: (091) 448632 (kath.)
Prof. Dr. Claudio Laim, Viale Pereda 6, 6828 Balerna, Tel.: (091) 432584 (kath.)
Thurgau: Pfr. Andreas Baumann, Kirchstr. 24, 8583 Sulgen, Tel.: (072) 423052 (ev.)
Pfr. René Perrot, Poststr. 3, 9325 Roggwil, Tel.: (071) 481245 (ev.)
Wallis: Marcel Marzelisch, Jugendseelsorge, Bildungshaus St. Jodern, 3939 Visp, Tel.: (028) 467474 (kath.)
Zürich: Stefan Kuster, Daniel Ammann, Jugendseelsorge, Auf der Mauer 13, 8001 Zürich, Tel.: (01) 2517620 (kath.)
Pfr. Dr. Georg Schmid, Im Baumgarten 24, 8606 Greifensee, Tel.: (01) 9401973 (ev.)

Literatur

Jugendreligionen in der Bundesrepublik Deutschland. Bericht der Bundesregierung an den Petitionsausschuß des Deutschen Bundestages (Reihe: Berichte und Dokumentationen 21), Bonn 1983.

Jugendreligionen. 2. Sachstandsbericht der Landesregierung. Der Minister für Arbeit, Gesundheit und Soziales des Landes NRW, Minden 1983.

Bericht über Aufbau und Tätigkeit der sogenannten Jugendsekten. Baden-Württemberg. Ministerium für Kultus und Sport, Stuttgart 1987.

Jugendreligionen – Psychokulte – Guru-Bewegungen. Eine Informationsschrift für junge Menschen, Eltern, Lehrer, Jugendbetreuer, Ärzte und Berater. Bundesministerium für Unterricht, Kunst und Sport, Bundesministerium für Umwelt, Jugend und Familie, Wien ²1987.

Ch. Evans, Kulte des Irrationalen, Reinbek 1976.

H. J. Geppert, Götter mit beschränkter Haftung. Die Jugendsekten-Szene, München 1985.

F.-W. Haack, Scientology – Magie des 20. Jahrhunderts, München 1982.

Ders., Scientology, Dianetik und andere Hubbardismen, München 1990.

Ders., Findungshilfe Religion 2000, München 1990.

R. Kaufmann, Übermenschen unter uns, Frankfurt a.M. 1972.

J. G. Melton, The Encyclopedia of American Religions, Detroit ³1989, 693–695.

H. P. Steiden/Chr. Hamernik, Einsteins falsche Erben. Die unheimliche Macht und Magie von Dianetik und Scientology, Wien 1992.

W. Thiede, Scientology – Religion oder Geistesmagie? (Reihe apologetische Themen), Konstanz 1992.

F. Valentin, Scientology in Theorie und Praxis. Werkmappe Dokumentation 2/83, Wien 1983.

Dies. (Hg.), Erfahrungen mit Dianetik und Scientology, Sondernummer der Werkmappe, Wien o.J.

Autoren

Ralf B. Abel, Dr. jur., Rechtsanwalt und Notar in Schleswig

Hans Michael Baumgartner, Professor für Philosophie an der Universität Bonn

Michael Haupt, Mitarbeiter im Referat „Sekten und Weltanschauungsfragen" im Bischöflichen Ordinariat Berlin

Linus Hauser, Dr. phil., lic. theol., Referent für Religionspädagogik im Bischöflichen Generalvikariat Münster

Hansjörg Hemminger, Dr. rer. nat., Studium der Biologie und Psychologie, Referent an der Evangelischen Zentralstelle für Weltanschauungsfragen in Stuttgart

Wilhelm Knackstedt, Pfarrer, Sektenbeauftragter der Evangelisch-Lutherischen Landeskirche Hannover

Horand Knaup, Journalist, Reporter der Badischen Zeitung in Freiburg i. Br.

Friederike Valentin, Dr. theol., Leiterin des Referats für Weltanschauungsfragen im Pastoralamt der Erzdiözese Wien, das eine gesamtösterreichische Funktion hat.

Die Weisheit der Religionen

Maria Kassel
Traum, Symbol, Religion
Tiefenpsychologie und feministische Analyse
Band 4040

Dalai Lama
Zeiten des Friedens
Band 4065

Leszek Kolakowski
Falls es keinen Gott gibt
Band 4067

Hildegard von Bingen
Scivias – Wisse die Wege
Band 4115

Jakob J. Petuchowski
Es lehrten unsere Meister
Rabbinische Geschichten
Band 4132

Dalai Lama
Mitgefühl und Weisheit
Ein großer Mensch im Gespräch mit Felizitas von Schönborn
Band 4288

Maria Kassel
Biblische Urbilder
Tiefenpsychologische Auslegung nach C. G. Jung
Band 4137

Imam Abd ar-Rahim ibn Ahmad al-Qadi
Das Totenbuch des Islam
Band 4150

Aufrichtige Erzählungen eines russischen Pilgers
Band 4156

Karlfried Graf Dürckheim
Meditieren – wozu und wie
Band 4158

Idries Shah
Die fabelhaften Heldentaten des vollendeten Narren und Meisters Mulla Nasrudin
Band 4164

Hildegard von Bingen
Der Mensch in der Verantwortung
Das Buch der Lebensverdienste – Liber vitae Meritorum
Band 4291